同成社近現代史叢書⑤

青年の世紀

多仁照廣

同成社

まえがき

筆者が、財団法人日本青年館から『若者仲間の歴史』を出版したのが、昭和五十九年（一九八四）であった。『若者仲間の歴史』が出版された一九八〇年代、F・アリエス『アンシャン‐レジーム期の子どもと家族生活』（一九六〇年刊）が『子供の誕生』として一九八〇年に邦訳出版され、J・R・ギリス『若者と歴史』（一九八一年刊）が『若者の社会史』として一九八五年に邦訳出版された。アリエスは十八世紀に学校から子どもと青年の観念が発生するとし、ギリスはフランス革命時の世代間抗争と学生と働く若者との分裂が、十九世紀末の青年期の発見となったと指摘した。

フランスからはじまったアナール学派の成果であるアリエスおよびギリスの、子どもや若者と青年の歴史研究が、一九八〇年代に相次いで邦訳されはじめ、今日の日本史学における「社会史」の発展の契機となったが、その背景にはふたつの理由があるように思える。

ひとつは、一九六〇年代後半から七〇年代にかけて世界の共通問題となった「若者」の反体制運動の高揚であった。当時の「若者の叛乱」の背後には、ベトナム戦争や近代工業化社会への批判があった。

もうひとつは、共同体の崩壊があってはじめて個の自立が成り立つという考えは、事実によって拒否されると、「近代日本の共同体」(鶴見和子・市井三郎『思想の冒険』)で色川大吉が指摘した、史的唯物論的共同体論の限界の克服があった。

本書では、日本の十九世紀末に「若者」から区別して誕生した「青年」が、二十世紀を通じてどのように概念を拡張させ、変化し、そして失われようとしているかを示す。そこから、「若者」「青年」という言葉のもってきた歴史と本質を、若い人たちやその指導者が理解し、時代を担い進める「青年」を地域で創造することの機会としていただけば幸いである。

目次

青年の世紀

——地域の「青年」と二十世紀——

序章　地域の「若衆」と「青年」の現実

一　若者仲間の江戸時代社会における変容

日本の民俗社会においては、年寄・中老・若衆のように、年齢による社会集団が男女別に存在し、家（イエ）というういわば縦の社会構造と、年齢による横の社会構造が組み合わさって町や村の共同社会を形成してきた。こうした縦横の社会関係を今日でも広く地域社会がもっているところに東アジアでの日本社会の特異さがある。

拙著『若者仲間の歴史』（一九八五、日本青年館）で明らかにしたように、江戸時代になると村々だけではなく江戸や京都のような大都市にも「若イ衆仲間」「若イ（キ）者仲間」「若連中」「若中」「若者組」などの名称が全国的に見えるようになる。地方によっては、たとえば薩摩の「二才組」のような独特な呼称もあった。「連中」とか「仲間」とかの名称は、文芸や祭りの連とか、株仲間などのように、江戸時代になって集団を意味するときによく用いられるようになった。「若い者」の「連中」または「仲間」という意味で、「共」も同じであった。

江戸幕府は、町や村の若者の集団を、「若キ物共」とか「若者仲間」「若イ者仲間」などと表記している。時代や場所によって、また身分によって、若者の集団を意味する言葉は、若者の概念も含めて変化している。そこで、江戸時代の村や町の若者集団を示す言葉として、「若者仲間」という用語を統一して用いることにする。江戸時代の若者仲間は、町や村の共同体のあり方によって形が異なるが、福井県今立町岡本に残された嘉永二年（一八四九）の若者掟にあるように、「若役」、すなわち「表家役」を負担しない者、わかりやすくいえば、一軒前として独立していない若者の役として、村の役儀のひとつと考えるべきだろう。

若者が役儀として担っていた役目には、祭礼を執行することと、婚姻の仲立ちをすること、そして村や町の権益や生活を守る警護や消防、難船救済、道普請や井戸掘り、年貢の輸送などの力仕事を担う村人足の役目があった。

若者の仲間となるには、若者の役儀が担える能力が必要であり、その能力を試すために、俵や力石をもち上げたり、山岳登拝や伊勢参宮を行うなど、入会の儀式が課せられた。一人前の若者と認められると、烏帽子を冠ることを許されたり、漁獲の割当を一人分もらえるようになった。

十八世紀後半になると、藩や幕府の御触書に若者仲間の規制や廃絶を指示したものが現れてくる。若者仲間の規制の理由としては、休日の要求や女性奉公人に対する性的な関与、地芝居などの祭礼の付け祭りの華美化、婚礼への石打や樽入れ、徒党化などであった。この背景には、小農民による村秩序の維持という幕藩支配体制の基礎を守ることと、在郷商人やマニファクチュア経営を擁護するふたつの側面があった。幕府や藩が若者仲間から守ろうとしたのは、村維持の責任者である村役人層であり、彼らは多くの場合、地主や在郷商人の性格を相伴するものであった。したがって、そうした地主や在郷商人からは、家業に余力のある者は、読み書き・算盤を学習すべきであるという、若者への学習要求が高まり、とくに精農型の地主経営を根幹とする報徳思想に典型的に現れる。明治二年（一八六九）、静岡県庵原郡杉山村の片平信明が村の若者の惰弱を直すために夜学をはじめ、片平は明治九年に杉山報徳社を結成し、十一年に夜学を杉山青年報徳学舎と改めたことが、近代の実業補習教育の嚆矢とされることも、こうした事情を証明している。

明治時代になると、「若者」は旧弊とされ、地方政府や啓蒙思想家からその廃絶が叫ばれる。しかし、現実には祭りがあれば、小学校の子どもたちは地域の若者仲間や子供仲間の一員として、小学校へ行くよりも地域社会集団に帰属した。一方、近代化の先頭を行く都市、とくに東京に地方から立身出世を夢見て上京してきた若者たちは学生・書生となり、彼らが有意の若者として新たに「青年」という概念をつくり出した。そして、明治二十九年に、広島県沼隈郡千年村に居なければならない有意の若者を自認する山本瀧之助が、田舎にも青年がいることを主張し、『田舎青年』を自費出版したことが、都市の青年概念を地方にも敷衍することとなり、地方青年団の発達の契機となった。

若者仲間から青年団への変遷については多くの研究があるので、ここでは概略を記すにとどめるが、佐藤守『日本近代青年団史研究』（一九七〇、御茶ノ水書房）で提示されたように、断絶したものと連続したものがあり、連続しているものにおいては、別個に並立する場合、どちらかに包摂される場合があった。

山本瀧之助が主張した田舎青年の連合は、大正十四年（一九二五）に日本青年館竣工、大日本連合青年団の結成によって結実し、昭和二年（一九二七）には大日本女子連合青年団も結成された。昭和十四年、戦時色が高まる中で、系統的組織であった大日本連合青年団は、統制団体としての大日本青年団となった。さらに昭和十六年には、大日本連合女子青年団・大日本少年団・帝国少年団協会が合併されて、大日本青少年団となった。昭和二十年の戦時教育令によって、学生・生徒は学徒隊に編成され、十五歳から六十歳の男子、十七歳から四十歳の女子を網羅する国民義勇隊が発足すると、市町村においても青年団の名は公式にはなくなった。

戦後、一九四八年になると、第一回日本青年団体連絡協議会（日青協）が開催され、昭和二十六年に正式に発足した。高度経済成長期を経過した一九七〇年代になると、青年団運動は低調になり、八〇年代の行財政改革による補助金の削減などの影響、九〇年代にはバブル経済後の長期不況と少子化による地域社会そのものの変貌の影響を受けて、青年団は各地で消滅していった。

二　敦賀の若者仲間

敦賀のすべての地区を調査してはいないが、現在の時点で、いくつかの地区で若者仲間についての伝承を取材できた。組織についての伝承は、白木地区では、「子供連中（コドモラ）十一歳～→若連中（アンニャラ）十七歳～→オヤジラ→サンラ（インキョ）六十一歳～」であった。オヤジラは一戸にひとり加入のため、親がオヤジラにいる限り、オヤジになったとしても若連中にいなくてはならない。娘連中（ムスメラ）は、「十五歳～→カカラ→バーサンラ六十一歳～」、カカラは夫がオヤジになったら入る。新道地区では、「小若衆（十五～十六歳）→中若衆（二十～二十五歳）→大若衆（三十歳代）」で、若い衆を終わると「中老」となり、村の中核となる。

宿については、縄間地区のみの聞き取りであるが、若者が数人のグループで集まり、夜遊びやその他の娯楽をするために、青年は吉田家、女性は磯部家へ集まった。これをそれぞれ「遊び宿」「娘宿」といった。昭和三十年くらいまであったが、現在はない。

次に、文献上から検討する。敦賀の在方では、十八世紀後半になると、村役人から若者仲間へ申渡しの形で若者仲間の掟が現れる。

沓見の掟

現物の文書を見ることができなかったが、横川栄『沓見誌』には、安永二年（一七七三）に定められた若連中の掟が、平文に直されて紹介されている。それによれば、沓見村では、「若連中」は十五歳以上二十五歳以下の男子をもって構成され、原文のとおり紹介すると、「大老」「中老」「親子組」に分け、人道に背き悪事を働く者への戒、礼儀の重視、夜遊びのときの村内警衛、という六ヵ条の内容であった。そして、毎年八月八日に大老から掟の趣旨が読み聞かされ、施行に勤めることが求められた。

縄間の親父仲間

親父組と若者仲間の関係については、縄間浦の「よぼし着（鳥帽子着）に際しての改名の挨拶を、縄間浦若者中が、結婚して若者を抜けた「親父仲間」に案内していることによってわかる。

大比田の申渡箇条

若者仲間の中をさらに区分して組織されたのが大比田の若者仲間である。寛政二年（一七九〇）七月十六日の日付で、大比田の中山治郎左衛門から若者仲間に申渡箇条の下書きが残されている。この箇条下書きには、「小若者」「中若者」は二十歳まで、小若者から中若者への身分の上昇は仲間で定めること。「長若者」は二十一歳より二十五歳まで勤めること。二十六歳からは若者を除き、百姓へ引き上げることという組織規程が示されている。また、毎年正月に村が若者改めをすること、村役人の申付けを守ること、村役人に申し出た以外は聞き届けないことと、若者仲間を村役人の統制下に置くことを意図している。若者仲間の内部統制は従来どおり若者の計らいに任せるが、格別の過料金などは親に難儀がかかるので差略があるべきこと、仲間省きがあれば申し付けること。長または中小若者のうち、よろしからざる者があれば村役人に申し出て咎にすることとし、若者仲間による制裁を管理することを規定している。また、野の仕事に精を出し、新規のことをしないことを申し渡している。

この申渡し箇条が実際に機能したことは、作成年不詳で虫損があって十分に内容が把握できないが、「おも若者江申渡覚」という同じ中山家文書に、おも若者が中若者・小若者と、村役人の申付けに背いたため、押込めの処分を受けていることによって明らかである。

山の定書

享和三年（一八〇三）正月に認められた若連中の定書がある。前欠の文章なので全体を知ることはできないが、残された部分には、若連中の相談事に十五歳以上の者は残らず寄り、不参の場合には連中に断り、無断で不参の場合に吟味すべきこと、他村他郡へ行く際には帯刀の衆はもちろん、乞食・非人などへも無礼・喧嘩口論はけっしてしないこと、何ごとに寄らず村中や若者の恥辱になるような振舞いをしないこと、当村および他村の婚礼の節、石や藁苞泥を投げて諸人の稼ぎを壊し、あるいは窓を覗きさまざまの悪口をいい、酒肴を貪ることのないようにすること、万一婚礼の節に定に背く者がある場合は若連中の頭分が説諭すべきこと、若連中に限らず夜分であっても道の途中で出会った節、相互に慇懃挨拶すべきこと、もし疑わしい者であったときには、有合わせの飛礫か棒で打たれても仕方ないこと、太鼓は神諫めや若連中の慰めのためのものであるのに、近来たびたび張替えなければならず、暴れ者があったので、以来は吟味のうえ張替えの入用金半分をその者の負担とすることとしていて、内部規範を強化することにより、他村との付合いや婚礼・祭礼時の若者の行為規制を強めている。

十八世紀後半、とくに天明飢饉後の寛政期に敦賀の在方では、公法の遵守や村役人による若者仲間への行為規制を強調する掟が見えるようになる。この理由については、村役人の統制下に組織を再編成していることや、他村や村内部の争いをさけようとする内容から見て、村落支配秩序の動揺がその背景にあることが考えられる。

赤崎の定覚帳

文政六年（一八二三）五月、赤崎村で「若連中定覚帳」が「若連中仲間」によって記録されはじめた。その表紙には、庄屋・年寄と並んで「宿」二名が連署していて、若者宿の存在を示しているのかもしれないが明確ではない。しかし、この帳は若連中仲間の帳面であることから考えると、若者宿の亭主が連署したと考える方がよいかもしれない。この帳面の最初には「覚」として、若者共が他行して少し揉め合いとなったので、村中寄合のうえ、若者は十五歳から二十歳の八月十六日まで勤めること、過料・過怠も大仰なことをしないこと、二月の弓の行事は一日、その寄りも一日、六月の総の参りはその日にきっと帰ること、そのほか見物・相撲見に勝手に他行しないこと、どうしても他行しなければならないときは、村役人に願い出て指示を受けること、という掟が書かれている。若者が他村や町へ出ての揉めごとが多くなり、村落支配秩序を村役人が再編成しなければならなくなっているようすをうかがうことができる。

　赤崎の若連中仲間の帳面には、この覚に若者一一名の連署があり、次に文政十二年（一八二九）二月改で、若者は二十歳までの約束に決まっていたが、このたび二十五歳と決めたとあり、その後に七人の名前がある。

　村落支配秩序維持のために若者仲間を再編する際には、村役人が統制しやすいように上限年齢を下げる傾向がある。年中行事などの村仕事を執行するには一定の労働力が必要であり、若者仲間の上限年齢は必要な労働力に左右されることを示してもいる。

鞠山藩の達書

　幕府は、文政十一年二月、関東の在方に対して取締改革を実施し、その際に改革の重要な施策として若者仲間の廃止の請書を村々から取り付けている。また、天保改革では、諸仲間の廃止の一環として若者仲間を禁止する触書を出している。小浜藩がこれにどう対応したのか史料がなくてわからないが、支藩の鞠山藩は、嘉永二年（一八四九）三月、鞠山藩役所から領内村々若者に対して、近来風儀が悪くがさつな振る舞いがあるので心得違いのないよう三ヵ条の申付けを達した。

　第一条では、元来「若者仲間」とは、十五～十六歳にもなれば、世間の交わりや馴れ合いに合点がゆかず血気が強く諸事不行届きとなるので、なおさら心得違いのないようにし、他村の嘲りを受けないように箇条を仕立てたのであるから、若者が仲間を立てて勝手なる振る舞いをすることを弁えるように申し付けている。第二条においては、村方の若き娘や下女を若者が支配することは不心得であるとし、また、不行跡の娘の親の家に酒樽を積んで酒料を強要することは、たとえ仕来りであるとしても不法であるので、以後止めること。もっとも若者は部屋住みかつ若輩の者なので、なかなか他人の意見を聞きづらいため、自分を慎み、家業に励み、両親へ孝行を尽くすべきこととし、従来からの仕来りであった若者による村の娘や下女などの「女性」に対する支配を否定し、家中心の儒教的通俗道徳を徳目として示している。第三条では、村々の長百姓へ奉公にいく若者の中には、主人に注意されるとそのまま出て帰らず、給銀を受け取ってそのまま他の奉公先へいってしまうことは、田畑の手入れに差し支えるので、そのようなことがあれば急度申し付けて糺すので心得違いのないようにすべきとして、藩財政の基礎である田畑維持の観点から、若者奉公人への管理を強化している。

この触書では、村々若者の年輩の者二人へ申し付け、若者一統に心得違いのないように申し断じ、もし心得違いの者があれば、召し捕り吟味のうえ、咎とするので慎むように命じている。

縄間の定書

弘化二年（一八四五）春、縄間浦の「若イ者中」が「御定書」を残している。この定書の前書には、このたび御公儀様が御改革を仰せ出されたことによって若者示しの作法を改めたと記され、幕府の天保改革の影響を見ることができる。定書は十二ヵ条で構成され、多くの漢字にはルビがつけられていて若者への読み聞かせの跡がうかがえる。

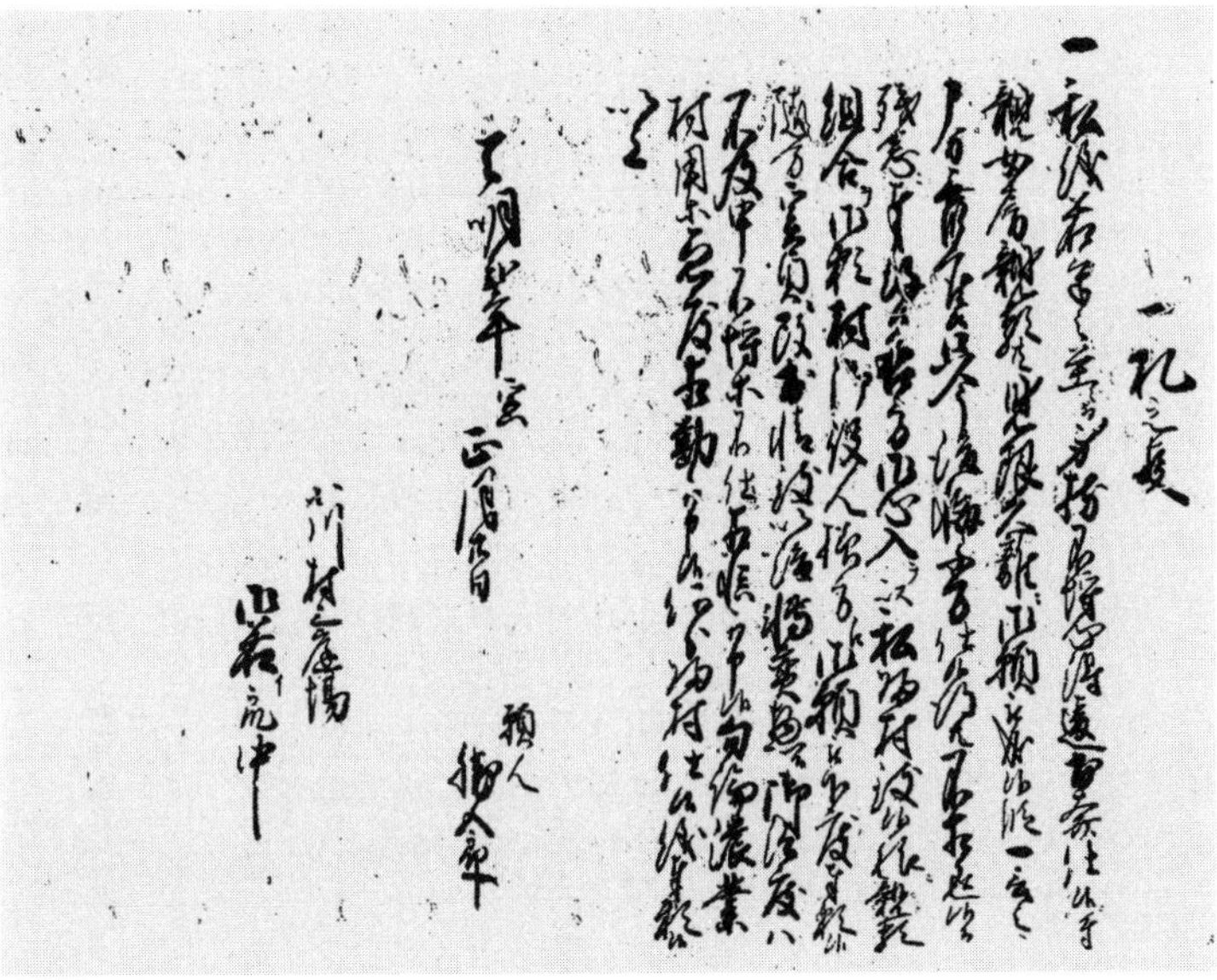

「一札之事」天明二年正月、武蔵国多摩郡小川村の出奔した若者が村の三つの庭場若イ衆へ出した帰村嘆願書（あきる野市森田家文書）

敦賀町の若者仲間

敦賀町の若者仲間史料としては、文化十一年（一八一四）正月二十五日の一向堂町の「済口一札之事」と、敦賀市敦賀青年団『団報』第三号（昭和十三年八月発行）に山本計一が紹介した「若連中規約について」以外に見当たらない。一向堂町の「済口一札之事」は、かねて町方一統から定められていた作法に背き不心得のことがあったので、若者の親が過料銭鳥目一貫文を町方に納めることで内済した証文である。敦賀市敦賀青年団『団報』第三号に紹介された三点の史料のうち、ひとつは文章中の記事から天保二年（一八三一）と考えられる「火祭定書」である。この定書では、正月十四日の寄りの際には、まず公儀の法度を遵守すべきことを吟味すること、若者共は他町はもちろん仲間内においても喧嘩口論をした者へはきっと意見を加え、聞き入れない者がいたら町役へ申し出ること、頭分へ対し過言をしないこと、頭分に不届きがあれば中老衆へ申し遣わすこと、不義理をせず、頭分の意見を聞かない者は中老へ申し出ること、これらの条件が調ったら火祭の宿を定めること、火祭の節には早々に打ち寄り人数が揃ったならば神拝を済ませて御神酒を頂戴し、皆が済んだら新入りの者たちが柏子木を打って町内を廻り、七つ時を限りとして退出すること、などが町役より定められた。その後一〇年が経過し、天保十二年正月、火祭は「庚申待」と称して行われるようになった。その際に若者中から五ヵ条の契約書が町に提出され、それは「若者中申合心得之定書」という四ヵ条の若者掟として制定された。この定書の内容としては、公儀法度の遵守と役人の指導性、儒教的倫理の尊重、若者集会の秩序、他町との諍いの禁止などのほかに、具体的な行為規制としては、婚姻の際の樽入れのみがあげられている。従来の町の秩序を逸脱するような若者仲間の行為が、婚姻規制の行為に目立って起きていたことを示している。

三　敦賀における青年団の消長

敦賀郡においては、明治三十年（一八九七）に原村で「若連中」を改編して「青年会」とし、敦賀町では三十四年に三島青年会が最初に結成された。四十一年に戊申詔書が発せられ、四十二年（一九〇九）、敦賀町に大正天皇（当時、皇太子）が行啓したことを記念して各村において青年会が結成された。明治四十三年二月の愛発村村長から各補習学校長および各区長宛に出された「青年会準則」に示されるように、教育勅語の趣旨を奉じ、青年の品性の陶冶と殖産興業を目指し、勤倹の美風と共同自治の精神を養うことを目的に、各区ごとに青年会が再編成されていった。敦賀郡青年会は明治四十五年、郡下町村の青年団は明治四十三年から大正二年（一九一三）にかけて結成されている。敦賀町では三島のほか津内・泉の三ヵ所で組織されたにすぎなかったが、大正期後半からしだいに活発となり、大正十二年には各地区に組織された。また、福井県連合青年団は、郡市青年団の官製青年団反対の同盟が結成されるという事態によって、大正十三年に一年遅れて発足した。昭和期に入ると敦賀の青年団は活発に活動し、敦賀町においては、地方改良期に創立した青年団を昭和五年（一九三〇）から八年にかけて再び創立ないし復活としたものが多い。ことに昭和十年からはじまった日本青年館の文書教育運動において、敦賀町は、雑誌『青年』の購読者数が全国の市町村で一番多くなったほどであった（図1）。

戦後は、昭和二十四年（一九四九）に敦賀市連合青年団が結成され、昭和三十年には近隣の五ヵ村を敦賀市に合併したことにより、新たな敦賀市連合青年団が創設された。その後、一九七〇年代まで活発な活動が見られ、昭和四十九年には青年祭を実行している。昭和五十六年に日本原子力発電敦賀原子力発電所で放射能漏れの事故が起き、原水爆禁止世界大会準備委員会は日本原子力発電所に対して申入書を発送した。日本青年団協議会は原水爆禁止運動の調整役を果たし、この運動がきっかけで市内の公共施設を青年

全國町村別青年購讀數及委員番附

東方

役名	縣名	町村名	部数	委員長名
横綱	樺太	川上村	六七	木村喜一
大關	東京	忠生村	六六	未定
關脇	愛知	師崎町	六〇	渡邊嘉八
小結	北海道	網走町	五九	合田綾一
前頭	兵庫	中筋村	五七	堀田次郎兵
同	滋賀	和通村	五四	中井平一
同	島根	高津町	五〇	監安正吉
同	愛媛	中之庄村	五〇	未定
同	三重	引本町	五〇	奥村順吉
同	青森	佐井村	四八	小島三郎
同	宮崎	富高町	四六	未定
前頭	群馬	岩鼻村	四五	未定
同	北海道	興部村	四四	未定
同	廣島	十日市町	四二	海野二郎
同	東京	鶴川村	四一	村野孝福
同	愛媛	御荘町	四〇	未定
同	廣島	東村	四〇	則貞定夫
同	岐阜	岩村町	四〇	鈴木貞一
同	埼玉	大石村	四〇	未定
同	静岡	有度村	三九	清水隆一
同	島根	稗原村	三八	高野善積
同	栃木	下江川村	三八	本島操
同	宮城	松岩村	三七	未定
前頭	三重	神原村	三六	未定
同	茨城	助川町	三六	征矢金次郎
同	岐阜	御嵩町	三五	安藤福美
同	埼玉	鴻巣村	三五	關口嘉幸
同	千葉	野田町	三五	渡邊政雄
同	東京	西秋留村	三四	中村正
同	東京	東村山村	三四	青木義夫
同	岐阜	笠置村	三四	樋田茂雄
同	北海道	夕張町	三三	未定
同	長野	芦田村	三三	太田袈裟次郎
同	群馬	瀧川村	三二	新井春市
同	秋田	五城目町	三二	未定

行司

縣名	町村名	部数	氏名
福井	敦賀町	一四〇	山下五良治
茨城	諏訪町	一二七	未定
山形	余目町	一二四	佐藤菊磨

勸進元

縣名	町村名	部数	氏名
岐阜	肥田村	八九	林勝
東京	西多摩村	八六	關口元司
長野	宮川村	七五	守屋弘
茨城	日立町	七五	大和田喜代治

昭和十年七月十九日現在

西方

役名	縣名	町村名	部数	委員長名
横綱	岩手	南都田村	六七	安藤副
大關	廣島	重井村	六二	柏原潔
關脇	神奈川	高篠村	五九	鳥場覺太郎
小結	東京	福生村	五九	未定
前頭	北海道	由仁村	五四	岸幸太郎
同	宮城	新田村	五四	三浦正雄
同	臺湾	平和町	五〇	未定
同	和歌山	湊村	五〇	宇治田豊穂
同	東京	小平村	四九	未定
同	神奈川	二俣川村	四八	加藤好松
同	埼玉	柳瀬村	四五	新井宗平
前頭	山形	金山町	四四	岸今朝松
同	埼玉	岩槻町	四四	松澤信男
同	茨城	潮來町	四二	鵜田望
同	神奈川	浦賀町	四一	水谷宣明
同	愛媛	土居村	四〇	菊地幸平
同	山梨	清川村	四〇	岡田登
同	埼玉	三尻村	四〇	石丸揚之助
同	埼玉	三芳村	四〇	未定
同	福島	神指村	三九	皆川誠之
同	東京	神着村	三八	淺沼梅夫
同	愛知	新川町	三八	成田武徳
同	新潟	北谷村	三六	米村茂勝
前頭	青森	豊田村	三六	福士文敏
同	群馬	赤堀村	三六	石井修三
同	山梨	開地村	三五	宮澤鶴雄
同	神奈川	高峰村	三五	高橋大介
同	静岡	村櫛村	三四	小松惣一郎
同	愛媛	立間村	三四	赤松健志
同	埼玉	大和田町	三四	橋本喜一
同	宮城	白石村	三三	針生丈夫
同	廣島	廣村	三三	未定
同	群馬	高島村	三二	未定
同	東京	村山村	三二	未定
同	岡山	萬富村	三二	入矢時雄

図1　雑誌『青年』全国町村別購読数番付

団が使用しにくくなったことにより、敦賀の青年団は消滅していったといわれている。

四　敦賀市における小中学生と地域社会とのかかわりの現状

福井県敦賀市社会教育委員会では、平成十四年（二〇〇二）度に市内全小・中学校の児童生徒六五六三名に対して、学級別集団方式でアンケート調査を実施した。アンケートの内容は、「土曜・日曜の過ごし方（八項目）」「友達や遊び・考え方（一〇項目）」「家族とのかかわり（六項目）」「地域社会とのかかわり（八項目）」の三二項目で、有効回答は六三九七名であった。

ここでは、「地域社会とのかかわりについて」の項目、（二十五）近所の人との面識は？（二十六）近所の人からの挨拶は？（二十七）近所の人に挨拶するか？（二十八）近所の人との交流は？（二十九）青少年団体への加入率は？（三十）地域行事への参加率は？（三十一）住んでいるまちは好きか？（三十二）ふるさと敦賀をもっとよくし、子供たちが楽しくのびのびとくらしていくために、どのようなことをするとよいですか？の中の（二十五）から（三十）の内容を紹介する。

（二十五）については、「一〇人以上知っている」が五一％。そのうち小学校高学年の数値がよく、小学校低学年、中学生は低下する。（二十六）では、挨拶をされるほうという回答が六四％となっている。（二十七）も六三％が「挨拶をする」と答えている。（二十八）は、「近所の人から、昔の話を聞いたり、物をつくったりすることなどはおしえてもらったことがありますか?」という問いには、六四%が「ない」と答えていて、挨拶はするが、それ以上の深い交流がないことがうかがえる。

次に、(二十九)の「学校以外の団体・サークルに加入していますか?」という質問では、小学校低学年と中学生は一〇~二〇%台で、中学三年生ではわずかに九・四%となっている。小学校低学年の社会参加、中学校での部活動と学校外活動との調整連携が今後の課題と、報告書ではコメントされている。(三十)の地域行事への参加は、小学四年生が七八%参加しているのに対して、中学三年生では二五%の参加率しかない。報告書では、地域では小学校高学年を対象とした行事がほとんどであることも一因とコメントしている。

この敦賀市の調査報告書において示されたように、学校以外の団体・サークルへの加入は、最高でも小学五年生の五一%にとどまる。青少年団体への不参加は、中学三年生では八九・六%にもなり、地域社会での団体活動の不活発な状態を示している。

人口約六万九〇〇〇人の地方都市である敦賀市においては、子ども会は各地区にあるものの、かつて青年教育の中心であった青年団はまったく消滅している。青年団に変わる存在として壮年会が地区につくられ、現在連合会が存在する。しかし、子ども―青年―壮年―老人という地域の年齢集団のうち、もっとも活動的であるべき青年の集団が地域から消えてしまったことは、地域活動において世代の継承ができないことになり、敦賀市の社会教育委員会の調査報告で示されたように、本来は青年集団の下部に位置づけられる小中学生の地域活動への関与が少ないことの原因となっていることが考えられる。

青少年育成国民会議が二〇〇二年に発行した『子ども・若者が主体的に関わる活動事例三十二』において、久田邦明は、生活のための糧を得る「稼ぎ」と、村の公共のための「仕事」を明確に使い分ける群馬県上野村の例を論じた哲学者内山節の言葉を引用して、暮らしに「仕事」を取り戻し、子どもや若者に「役割」を与えることの大事さを書いている。若者仲間はまさしく村の「仕事」を果たす「若者役」として存在していたのであり、市販されている祭り半纏の衿に染めこまれた「小若」という文字が端的に示すように、子どもは「小さな若者」であった。若者が小さな若者に、一人前の役割を果たせるように教える作用が伝統的な社会には存在したし、現在でもたとえば子供歌舞伎が残るような地域では、演じる子供に厳しく芸を教え、上演の際には縁の下の力もちの役割を果たす若者仲間が、少子化で規模は小さくなりながらも存在し続けている。

第一章　「青年」の誕生

一　「青年」の誕生

「青年」という言葉の成立についての社会教育史上の通説は、熊本洋学校で宣教師ゼーンスの教えを受けて、キリスト教の宣布を決意した三五人の生徒の一人であった小崎弘道の造語とされている。

小崎弘道は、明治十三年（一八八〇）の春、東京京橋の鍛冶町の小崎宅で、「東京基督教青年会」を結成した。この「基督教青年会」は、同会の神田乃武が米国留学中に知見した「ヤングメン・クリスチャン・アソシエーション」の訳語であるとされている。そして、「青年」は、小崎弘道が唐詩選の一部、「宿昔青雲志、蹉蛇白髪年」から、その「青雲」の意にちなんで造語したといわれている。

しかし、「青年」という語自体は、諸橋轍次『大漢和辞典』によれば、中国では明代の書物に見えており、日本においても江戸時代の書物、たとえば天明六年（一七八六）の序文がある「譬喩尽」などにすでに用いられている。明治四年から六年にかけて、欧米を視察した岩倉使節団の一員として渡航した久米邦武が、明治十一年（一八七八）に出版した『特命全権大使欧米回覧実記』にも見える。また、「青年」と同音で、しかもほぼ同義に用いられる言葉には、「盛年」とか「成年」があるが、これらはいずれも中国では魏晋南北朝時代の北斎の顔之が推選した「顔氏家訓」に用例がある。

したがって、「青年」という言葉自体は、小崎弘道が造語する以前からあったことは確実である。さらに、社会教育史の分野に限っても、東京府士族で元文部省小視学であった松崎正文が、十五歳以上の男女を文化の場に養い、自由の民権を振興する目的で、明治九年八月、東京府に出願した「青年学校」が見える。また、明治十一年に、片平信明が「杉山青年報徳学舎」を設立しているし、福島県の『第七年報』（明治十二年）には、高等小学校教科卒業者や年長の未就学者のための「青年学校仮規則」がある。

このように、「青年」という語は、小崎弘道が「ヤングメン」の訳語として造語する以前から存在していたのであり、まったくの新造語とはいえない。しかし、これがまったくの意味のない虚構であるならば、今日まで通説として看過されてこられるはずがない。否むしろ、小崎弘道が「ヤングメン・アソシエーション」を「青年会」と訳したことに重要な意味があった。

「青年の父」とされる山本瀧之助は、明治四十二年に著した『地方青年団体』（洛陽堂）において、「元来青年会といへる名目は、彼の基督青年会より来たのであろう」といって、相当に基督教青年会を意識している。その証拠に、山本瀧之助は、前の文に続いて、

（青年会は）曰はゞ輸入品ではあるけれども併しそれは単に名称の上の事、若者は即ち青年、「若者

組」は即ち青年団体であれば、我国の青年会なるものは何にも基督教青年会を持って出来たといふのではない。古来より存在してゐた所のものが、時勢の進運に連れられて新しい名目を得たまゝに、それに改名したといふに過ぎぬのである。

として、「我国の青年会」は、古来より存在していた「若者組」が、時勢の進運に連れられて改名したにすぎないとし、「我国の青年会」と基督教青年会との異質性を強調している。

　この山本瀧之助の文章で注目すべきことは、基督教青年会と「我国の青年会」との異質性を強調するのに、その理由として、「我国の青年会」は古来より村に存在した「若者組」が明治という新しい時代の流れによって、その名を改めたものであるとしている点にある。つまり、明治という新しい時勢の進運によって若者仲間は青年会と名を改めたものであると考えていた。

明治二十五年一月改正
八戸青年會規則
八戸青年會

八戸青年会規則（明治25年１月改正）
士族民権の青年会（弘前図書館）

二　青年雑誌

　青年会の成立と発達の過程で、一つの画期をなしたのは、徳富蘇峰の農村青年会構想に触発されて、明治二十九年（一八九六）に山本瀧之助が著した『田舎青年』であった。この『田舎青年』が契機となり、「田舎青年会」つまり農村青年会が世間に注目される存在となっていった。青年団運動の夜明けを告げた山本瀧之助の『田舎青年』の冒頭には、「青年」を「田舎青年」と「学生書生」とに対比している。「学生書生」は都会に住む社会的に認められた一部の青年であるのに対して、「田舎青年」は田舎に住む、学校の肩書がなく社会的に度外視された青年であるとし、田舎にある有為の若者も都会の書生と同じく「青年」であると主張した。

このように、明治の「青年」にも、基督教青年会の青年、学生・書生、田舎青年と性格の違う青年が存在していた。そこで、『田舎青年』の登場するまでに、どのような「青年」がいかなる「青年会」を組織していたのか、東京大学明治新聞雑誌文庫に所蔵される雑誌から検証する。

明治十三年十月、『六合雑誌』が創刊された。これは東京基督教青年会の機関誌であった。この『六合雑誌』の発行以後、全国各地に基督教青年会による青年雑誌が発行される。また、明治二十一年六月に創刊された真宗青年伝道会の『伝道雑誌』は、浄土真宗の伝道雑誌である。基督教青年会に対抗して、仏教青年会が設立され、その雑誌が発行された。

次に、明治十五年（一八八二）六月に創刊された『青年自由党雑誌』がある。これは、自由党本部が発行した『自由新聞』と同月に創刊されている。発行者の青年自由党本部という団体は判然としないが、自由党系の組織であるらしい。地方においても自由党系の政治活動を目的とする青年会が結成され、その機関誌として青年雑誌が刊行される。たとえば、明治二十年十二月に茨城県の下妻で出された常総青年会（翌年、常総青年社と改称）の『常総の青年』（翌年、『常総之青年』と改称）がそれに当たる。

明治十六年一月創刊の晴念社『青年思叢』は、書生を対象とした啓発誌であった。発行所が東京や大阪などの大都市にあって、地方の名が冠されていない雑誌は、ほとんど学術・文芸などの啓発誌で、商業出版の性格をもつ。この中でも、熊本の大江義塾関係者が中心となった『青年思海』は、民友社の『国民之友』の青年版といった性格をもっていた。明治二十年二月、徳富蘇峰が創刊した『国民之友』の巻頭には、「旧日本ノ老人漸ク去リテ新日本ノ少年将ニ来リ」と述べられた創刊の辞が載せられ、維新後二〇年を経て、新世代が抬頭してきたことを明らかにしている。また、『青年思海』発行の動機も、地方にあって個々に分離している青年が気脈を通じて智識を交換して思想を融通し、青年自身の働きで青年社会、すなわち文明を上進する社会の気炎を吐くことにあった。

『青年思海』に見られる、全国青年の気脈を通じ智識の交換をはかり、青年を社会進展の原動力とするという発行趣旨をもつ雑誌は、東京や大阪などの大都市で発行されたものがほとんどだが、宮崎県延岡の『青年協会雑誌』や千葉の『青年の友』などのように、地方においても全国の青年を対象とする雑誌が発行された。

また、時論・文芸を内容とする商業出版雑誌で、県ないしは郡程度の範囲の青年を対象とした地方誌には、長崎で明治二十三年（一八九〇）に創刊された『新青年』や、千葉で三州之青年社が発行した『三州之青年』などがある。

次に、発行場所が東京でありながら、その誌名に地方の名を冠する雑誌がある。たとえば、明治十九年創刊の『松代青年雑誌』や明治二十年の『諏訪青年会報』などである。これらの雑誌は、地方から上京して来た学生・書生らの県人会的性格をもつ雑誌であった。また、東京に発行場所がなく、郷土に発行所はあるが、郷土と東京に出た学生・書生によって出された雑誌には、水戸の『青年会誌』や忍の『忍青年会誌』があり、旧藩の結びつきの強い県人会的性格をもっている。

以上述べたほかに、分類し残ったのは『獄南の青年』、『上毛之青年』、『青年志叢』、『下新倉青年教育義会雑誌』、『有隣雑誌』、『実業』となった。

このうち、『青年志叢』は第三高等学校の機関誌であり、他とは性格を異にする。残りはすべて地方青年会の機関誌である。

『獄南の青年』は、山形県酒田の酒田青年会が発行した。酒田青年会は、酒田在住の青年と酒田出身で東京・山形・仙台・鶴岡に住む青年とで、「地方振起ノ一助、庄内一般ノ思想ヲ表出セシムルノ機関」として設立された。この設立目的だけからでは、、県人会的な青年会とも見える。しかし、酒田青年会は英文講習所を設けて地方文化振起の具体活動を行い、また周辺の青年会の中核的存在となり、それらを合併して、明治二十二年十二月三十一日には飽海郡青年会へ発展していく。明治二十五年には支部設立規程を設けるなど、県人会的組織から発展して地域活動を目的とする地方青年会になっている。けれども、その支部設立の条件が会員一〇名以上ある地方ということから考えて、部落の若者仲間が青年会となったものの連合体とはいえない。やはり、一地方の会員数が僅少であることから考えて、大地主本間家の子息本間直助のような一部有為の青年の集まりであったと考えられる。

『上毛之青年』を発行した上毛青年連合会も、地域活動を目的とした地方青年会であった。上毛青年連合会は、明治二十年一月五日、群馬県前橋に誕生した上毛青年会を中核にして、明治二十二年七月十四日、県下各地の青年会の連合体として設立された。上毛青年連合会は、廃娼運動の先頭に立ち、その活動は新島襄や徳富蘇峰らの支援を受け、ことに徳富蘇峰は農村青年会構想のモデルとした。しかし、この上毛青年連合会も酒田青年会と同じく、慶応義塾から国民新聞記者となり『日本経済史』を著した竹越与三郎らの有為の青年の運動体であった。

『有隣雑誌』は前二者とは違い、その規模はきわめて小さく、京都下京元十九組の有隣青年会の機関誌であるが、名望家と有為の青年によって構成されることは、前二者と同じである。

『下新倉青年教育義会雑誌』は、埼玉県新座郡白子村下新倉で、明治二十五年（一八九二）二月三日に発会した下新倉青年教育義会の機関誌である。下新倉青年教育義会は、「村内青年子弟各自の風儀を維持し、併せて学術研究の目的」で、明治二十五年二月二日、村内青年七十余名の賛成を得て設立された。その活動については、目的の第五条に、国民教育の欠を補うものとして青年会が位置づけられている。そして、具体活動の目標は、この雑誌に所感を寄せた同村小学校東輝学校教員の安田権治郎が、「社会教育とは学校を退いた後、社会の交際上より受くる感化をいふ」と指摘するように、小学校卒業者を対象にした夜学を開設することであった。

また、『実業』は山形県東置賜郡小松町の瑞穂実業青年協会の機関誌で、同協会は小松校友会を母胎とし、明治二十五年または二十六年に、地方実業の振起を目的として設立された。

下新倉青年教育義会と瑞穂実業青年協会は、その活動は同じではないが、小学校卒業の一般青年をその構成員とすることは、以前の青年会とは性格が違っている。とくに『下新倉青年教育義会雑誌』の巻頭には、明治二十三年十月に発布された教育勅語が掲げられている。そして、そこに示された社会教育論は、前述のごとく国家教育を補うものとして社会教育を位置づけた、わが国最初の社会教育論である山名次郎の『社会教育論』（明治二十四年刊、金港堂書籍）に相通じる内容をもっていた。これは、「田舎青年」山本瀧之助の考えと同様であった。

以上のように、明治十年代から二十年代の「青年」は、書生や地方の有為の「青年」が社会進展の原動力として新しい世代の象徴的な言葉となるが、一方では、教育される者として国民教育の対象として位置づけられるようになった。そして青年の教育を阻害する存在として、若者仲間はオトナの社会の指導者からだけではなく、地方有為の青年からもその改善をせまられることになる。

三　書生節と青年

高野辰之『新訂増補日本歌謡史』（昭和五十三年、五月書房）に載せられた「書生節」は、明治五年から六年にかけて流行した。その歌詞には「書生書生と軽蔑するな、末は太政官のお役人」とある。これは、江戸時代の身分制社会とは違い、四民平等の社会で学識を得れば、政府の役人になれるという立身出世のコースがすでに一般に認められていたことを示している。この風潮は、明治十年代の西南戦争やデフレによる官制改革を乗り越えた明治二十年代になると、帝国大学を経て高級官僚になる道が誰の目にも明らかになってきて、私立学校が簇生するに及んで、東京への上京熱は、なお一層駆り立てられた。

長野県下伊那郡では、明治二十年頃より若連中を改善する動きが、瀧之助と同じ小学校の補助教員である授業生たちによって起きていた。二十一年には、上京した伊那郡出身の学生・書生たちを中心に「伊那郷友会」が東京で成立し、翌二十二年より機関誌『伊那郷友会雑誌』を発行した。また、中央線建設問題をめぐって、「伊那青年鉄道期成同盟」が明治二十六年（一八九三）に結成され、郡全体をあげた運動が明治二十年代に起きている。

郷友会・青年鉄道期成同盟運動などの明治二十年代の全郡的な青年運動の展開のあと、明治三十二年、「下伊那青年会」が誕生し、その機関誌として『伊那青年』が翌年二月に、飯田町を本拠に創刊された。

下伊那郡の青年会のように、東京に上京した田舎の学生・書生たちは同郷の青年団体をつくり、そこから田舎にも青年団体がつくられるようになったのである。

第二章　「青年」概念の拡張

一　「草莽の寒生」

明治六年（一八七三）十一月、広島県沼隈郡千年村草深（現在、沼隈町千年）に生まれた山本瀧之助が、数え年十六歳から書きはじめ、昭和六年（一九三一）に五十九歳で死去する前年まで書き綴った日記は、地方における「青年」の形成とその後の全国的な組織展開の歴史をつづった記録ともいえる。十六歳の明治二十一年陰暦正月朔日から書かれた日記の文章には、家族の食べた餅の数が「papa9, mamma4, i 4食ス」と書かれている。家族を英語で表記した瀧之助の心境の背景には、翌年に発布される大日本帝国憲法と帝国議会の開設という、明治立憲体制の成立が大きなバックボーンとして考えられる。立憲体制という、いわば西欧社会のグローバルスタンダードな体制が日本においても整えられたことは、数え年十六歳の田舎の若者をしてグローバルスタンダードな言語である英語表現を日記の冒頭に書かしめることになったともいえる。

翌年の明治二十二年の瀧之助日記の筆始めには、

ゴットン福山ゴットン福山々々ゴットンくくト、是ハ今船汽車ノ福山へ着セシトハ知レタリ。時シモ身ニ洋服ヲ着用シタル二人ノ男子、上等室ヨリ出ルアリ、何カ談話シツ、妻町ヲ歩シ、或ルホテールニ入レリ。

とある。汽車が福山に到着して、洋服を着た二人の男子が上等室から出てきて、何か話をしながらホテルに入り、「山本省行」つまり山本瀧之助のことを思い出し、その日記を読んで論評を下す形で書かれている。

この洋装の男子の会話に、瀧之助が当時近衛兵となっているという箇所がある。明治二十二年当時、瀧之助は数え十七歳であり、この記述は少なくとも徴兵年齢の満二十歳以降、つまり明治二十六年よりも後の時点を仮想して書かれていることになる。

山陽鉄道の線路が福山に到達したのは、明治二十四年九月で、瀧之助が「ゴットン福山」と書いたとき、その線路はまだ姫路に達したばかりであった。

瀧之助が山陽鉄道に乗って大阪へ出発したのは、彼の予想よりも遅れて、明治二十九年四月十二日のことだった。当時の福山—神戸—大阪間は約一〇時間の蒸気機関車の旅であった。と同時に、この旅は青年団運動の源となった『田舎青年』出版のための上阪であり、彼の生涯の仕事の旅のはじまりでもあった。それはまた、近代化の中で置いていかれまいとして懸命に自己を主張する一人の「草莽の寒生」の、東京を目指す旅のはじまりでもあった。

このころ、瀧之助の居住した沼隈郡内の村々でも、若者仲間に変化が起きていた。沼隈郡内でももっとも早く若者仲間に変化が起こったのは神村奥田であった。奥田では、明治十二・三年頃、後に東洋大学教授となった高島平三郎が、陶の小学校分校で教鞭を執りながら読書会・農事研究会・夜学会・座談会を行った。この高島の教え子たちが明治二十一年六月に「青年共進社」を結成し、雑誌を共同購入するなどの活動を開始していた。瀧之助の居村の千年村草深においても、若者仲間が「丁年社」となり、役場吏員・教員・僧侶などによる「信義会」という雄弁会ができて、開設の祝詞を瀧之助が書いた。その祝詞には、「国会ノ開設」「立憲ノ政体」「地方分権自治ノ制度」という言葉を用い、「地方有為ノ士」が「小異ヲ捨テ大同ヲ取リ」、「地方ノ新智識ヲ交換シ、団結ノ計ヲナサザル可ラズ」とあり、立憲体制・国会開設・市町村制という時代に、地方の有為の士は大同団結して、飲食するだけの若者仲間と智識を交換する信義会を明確に区別し、変革を表明した。

上京したい希望をもちながら村役場の書記をし、村制実施のために多忙であったころ、郡役所のあった福山に出張した瀧之助は一人の男と出会った。その男は沼隈半島の先の狭い水道の向こうにある横島の人で、渡部只太郎という「青年」であった。渡部は東京で修学中であったが、故郷に戻っていた。二人は東京の書生のことや時事問題について四時間ばかり語り合った。一〇日後、アメリカ独立革命を柱に帝国主義を告発した政治小説『佳人之奇遇』について友人と談話して瀧之助が帰宅すると、渡部の手紙が着いていた。手紙の内容は、瀧之助を「鳳雛」にたとえ、「青年」が家郷に留まっているべきではないとあった。瀧之助は、渡部の自分への評価に満足する一方、いつになったら上京できるのかという、焦燥感も日記の文章であらわにしている。

瀧之助が上京の思いを募らせた原因に、尾崎行雄や徳富蘇峰の影響を考えないわけにはいけない。明治二十年（一八八七）、尾崎は『少年論』を博文館から、蘇峰は『新日本之青年』を集成社から出版した。両書とも、書生を社会革新の原動力とし、明治維新を遂行した志士たちを「天保の老人」として、世代交代を主張したものであった。瀧之助は、明治二十七年に少年禁煙の請願書を尾崎に託している。また、明治二十二年七月三日の日記に「所謂地方ノ紳士」として、蘇峰が『国民之友』誌上で展開した「田舎紳士」を援用し、蘇峰が教えた大江義塾生に会いに、わざわざ広島に行っている。

瀧之助は、地方出身学生を中心に東京で結成され、明治二十一年に雑誌『少年子』を発行した「協習会」という学習組織の会長の志賀重昻へ食客を依頼する手紙を二十二年七月に出した。しかし、おりしも小学校の授業生の職の話が来て、両親の勧めを断りきれない瀧之助は上京を断念した。このときの瀧之助の気持ちは、第一回衆議院議員選挙を前に草深の寺で開催された政談演説会を、障子や戸の隙間からしかうかがえない立場を、明治二十三年四月四日の日記に「教育ノ苦界ニ身ヲ沈メ居ル」ためにと表現し、臨監の警察官のために政治へ参加できない悔しさでいっぱいであった。

明治十三年公布の集会条例により教員の政談会への参加が禁止され、さらに明治二十三年七月の集会及政社法、三十三年の治安警察法と、教員の政治集会への参加を拒んでいく。その後、瀧之助は、尋常小学校教諭そして郡立実業補修学校長と、教員として青年団運動に取り組んでいくが、その非政治性はこのときに決定づけられていたのである。

二　日清戦争と「少年会」

明治二十六年（一八九三）正月、瀧之助は村の新年宴会の席上、尋常小学校卒業者に対する教育の必要性を説き、少年会設立を主張した。尋常小学校卒業者に対する教育で、瀧之助がもっとも必要性を説いたのは禁煙であった。喫煙の害についての瀧之助の主張は、雑誌『少文林』第十号への投稿記事に、二、三十年前までは自分の村でも喫煙する者は数えるほどであったが、今では男子十四、五歳になれば父親の煙草入れをうかがい、十六、七歳になれば煙草入れを懐中にし、男子だけでなく村の上等顔をしている家の少女が上品顔に長煙管を口にする、というありさまである。村全体では一ヵ年に数百円が煙となっている。もしこれを高等小学校の設立や貧しい家のために使ったら有益だろうとして、生理上の損失とともに経済的な損失も訴えた。

瀧之助は、明治二十七年四月八日、勤務校の常石尋常小学校において「少年会」の発会式を、卒業生一〇〇名余と村長・同僚教師を集めて行った。続いて草深校において五月十三日に少年会の発会式を行って、尋常小学校の校区単位に少年会を組織した。翌月の六月二日、朝鮮半島における清国軍出兵を確認して日本軍の派兵が決定され、ここに日清戦争が開始された。七月二十九日、瀧之助は少年会による軍への草鞋献納を企画する。学校の夏休みを利用して少年会員や知友に協力してもらい、八〇〇足の草鞋を製作して海軍に献納した。

十月十五日、瀧之助は青年禁煙について国会への請願を思いついた。これは、少年禁煙が八月二十九日に井上文部大臣によって発令された「小学校ニ於ケル体育及衛生ニ関スル件」の文部省訓令において、小学校において生徒が喫煙すること、またその道具を帯びてはいけないことが定められたことから、さらに進んで、未成年者禁煙法の制定を請願しようとした。瀧之助の請願の内容は、生理上・経済上の損失を訴えた少年禁煙の請願とは違い、体力強壮・精神の惰弱防止を図ることは、「今や征清の盛挙を構」える国家のためであると、戦争を遂行する国家を意識した内容に変化している。

瀧之助が、自らにとって世の中に一歩踏み出したと自己評価した少年会は、その第一歩で日清戦争に巻き込まれ、銃後活動を主な活動とし、少年会発起の契機となった禁煙運動も、戦争に直面することにより強兵育成の手段とされるように変化したのである。なお、未成年者喫煙禁止法は、明治三十三年三月に公布された。

三　『田舎青年』出版と「青年」概念の拡張

日清戦争の最中の明治二十八年（一八九五）正月三日、瀧之助は「田舎青年」たちのための著書の執筆を開始した。これから約一年をかけてでき上がったのが、瀧之助のはじめての著書である『田舎青年』であった。文庫判一六二頁の冊子には、「草莽の寒生」の思いが込められていた。

『田舎青年』（山本瀧之助著、明治29年刊）

『田舎青年』の文章は、いくつかの言葉の対置から構成されている。一つは、上流社会の相続者である「学生」と社会に見捨てられて田舎に縮小する「田舎青年」である。瀧之助は、福沢諭吉の『学問ノス、メ』を援用して、青年の上に青年なく、青年の下に青年なく、都会青年と田舎青年も本来同等であり毫も上下の差別はないと、学生と田舎青年の平等を主張した。ただ、瀧之助がここで学生と平等を主張した田舎青年は、漠然と田舎に住む普通名詞の意味での青年ではなく、徳富蘇峰の「書を読む遊民」に指摘された、小学校の准教員や役場の写字生などの村の若い知識階級としての「草莽の寒生」であった。

学生と田舎青年を均しく「青年」としたうえで、これを「中老」と対置した。これは明らかに尾崎や蘇峰の世代論に影響され、社会の革新家としての青年の立場を主張するものであった。また、いまや「中老」「老物」となった明治維新の志士たちが、江戸の直参旗本を破った田舎人士であったことを挙げ、にもかかわらず、岩倉公の政略（欧米国家をモデルとした脱亜入欧の近代国家建設）が図に当たり、「田舎」の勢力は枯渇して「都会」の勢力が強大となり、日本は東京がなくては夜が明けぬ国になろうとしている。こうした都会崇拝の風潮により、「田舎」は「地方」にいい改められ、田舎は田舎語も田舎気質もなく、ついに田舎がなくなろうとしている。識者のいうごとく、国家の頭脳は都会で田舎は肢体であるのではなく、むしろ都会は枝葉で田舎は根幹である。したがって、国家の根幹である田舎が強固ならば国家も強固であり、その田舎は田舎人士の一挙一投足にある。この田舎人士を操縦し、常に国家の踏み台たるに勤めさせるのは、田舎青年の役割であるとしている。また、その明治国家は、今や清国との戦争に勝利して一躍世界に躍り出たが、三国干渉によって国の讐が陰として存在する状態であり、四千万国民が国家観念をもち、中でも青年は国家の「中堅」としてとくに覚悟すべきであると述べている。

続いて、田舎青年を「後家鰥暮しの内、若連中の寝部屋」などの堕落した場所からいかに救済するか、その方法として禁煙・独学・冷水浴を具体的に取り上げ、「田舎青年会」の連合を提案している。

瀧之助は『田舎青年』において、学生―田舎青年、中老―青年、都会―田舎を対置して、田舎青年を欧米列強の仲間入りした大日本帝国の「中堅」と位置づけた。また、国家の中堅となるべき田舎青年を若連中の堕落した世界からどのように救済するか、という論の延長線上に田舎青年会の連合を構想したのである。

瀧之助の田舎青年会の連合構想は、豪農・地主層の青年有志を中核として、一般青年まで取り込んだ町村青年会を結成し、これを郡―県―全国におよぶ青年会の連合体を構想した蘇峰の考え方に影響されていた。蘇峰に平民主義の実現への一つの方法として町村青年会を考えさせたのは、廃娼運動の先頭に立ったキリスト教系の上毛青年会の活動であった。

蘇峰の平民主義実現のための方法論としての青年会連合論に対して、瀧之助の田舎青年会および連合論は、岩倉公の政略に対する田舎の主体性の主張であり、田舎を都会の従属物ではなく、むしろ国家の根幹とするにはどのようにしたらよいかという、いわば田舎主義ともいうべき青年会論および青年会連合論であった。

『田舎青年』は明治二十九年（一八九六）五月、大阪の印刷所で一〇〇〇部印刷された。この印刷費八〇円は、瀧之助の父親が貯金に加えてわずかに所有していた田地を抵当に入れて捻出したのだった。

四　逆境の青年のネットワーク

田舎に住む青年の社会的な逆境を表現した『田舎青年』を自費出版した山本瀧之助であったが、出版後の明治三十年は、尊敬する母親の死、結婚と離婚そして眼病とまさしく個人的にも逆境にあった。この逆境を克服するために瀧之助は郷土史に注目した。瀧之助を郷土史に注目させたのは「大日本郷土史編纂会」であった。大日本郷土史編纂会は、長野県北安曇郡八坂村の造り酒屋の長男として生まれ、それゆえに村を離れて東京へ行くことのできない山崎頼次が明治三十年（一八九七）に創立したと推定される。山崎の主張は、国史の不備を補うために国家史と地方史を連絡して、国史を編纂しようとするものであった。このころ、ちょうど政府の国史編纂は久米邦武博士が「神道は祭天の古道」と『史学会雑誌』に書いたことが神道家の非難を浴び、帝国大学を非職となったことによって中断していた。一州一村を大小の単位にして地方史を編纂し、そこから国史をつくる、つまり地方自治体の独立と団結によって国家を組織すると考えた。また、編纂作業が終了したら集めた資料を公開する「郷土史記念文庫」をつくるという構想であった。明治三十年十二月二十九日、瀧之助は山崎に手紙を出し、明けて正月には村長に郷土史について語っている。

明治三十二年十二月三十日付の『日本』新聞に、瀧之助が投稿した「『日本』青年会設立の議」が掲載された。『日本』青年会は、読者による新聞紙上の青年会であった。現在でいえばインターネット上の仲間であった。その事業は、天下の遺言を集めること、各地の制裁の方法をしらべること、各地の青年会を探し出すこと、などであった。とくに制裁ついては、若連中の改善を意識してのことと考えられる。『日本』青年会には、五〇〇名ほどの会員が加盟し、単に誌上だけではなく各地で会合がもたれた。

明治三十四年十一月、『日本』新聞は、独立した『日本青年』という雑誌を創刊した。『日本青年』には青年会の連合も提唱されたが、『日本』主筆の陸羯南が死ぬと後継者を失い、五十号で廃刊となった。

五　「青年」の多様化

明治三十四年（一九〇一）九月に眼病治療のために上京した山本瀧之助は、翌年五月には帰郷した。帰郷した瀧之助は、八月には『沼隈時報』という雑誌を発行した。創刊号の巻頭の「村の青年」では、若連中改善の方策が述べられた。以前、少年会を組織したとき、せっかく少年会を開いても、若連中の集会にかち合ったら十五歳以上の者は皆若連中の方に取られ、これを改めることは単級小学校の一准訓導では力の及ぶところではないという判断から、記事にはしなかった。明治三十六年四月、沼隈郡内村長・小学校長会で、「若連中改善の方策如何」が試問され、郡長より町村長および小学校長に若連中改善が指示された。この若連中改善の沼隈郡長指示の背景には瀧之助と郡長との話合いがあり、同年正月の会談の際には、すでに郡青年会についても話し合っている。しかし、沼隈郡青年会の設立は村長会同において否決され、いったんとん挫した。

瀧之助は、まず地元の千年村から青年会をつくることに着手し、三十六年九月、八朔に行われていた字草深の若連中の寄合で談話をした。十月、草深教育会では「若連中協議会」を設けることに話をまとめた。

さらに瀧之助は、郡長が臨席する千年村青年連合会と在郷軍人会を併せて開会した。字単位の若連中改善から、自治体単位の若連中改善を目的とした青年会を設けたのである。この村の青年は、瀧之助がその著書『地方青年』の緒論において、「学生と丁稚若連中との中間に在る青年是れ所謂地方青年」と定義したように、学生と若連中の間に立ち、若連中の改善者としての青年であった。

一方、都市においては、産業革命によってもたらされた社会の変化によって学生・書生の青年とは違う青年が出現してきた。

横山源之助が『日本之下層社会』において書いているように、都市においては従来の伝統的な職人社会は、機械文明すなわち工業化のために年々生活は窮迫し、その組織は解体しつつあった。これに代わる機械工場の労働者も、その多数が義務教育も満足に修得していない状態であった。今後は出稼ぎもしくは移住することが、農民の経過する一生の順序となることが予想された。事実、東京の人口は明治二十八年(一八九五)には一四〇万人であったが、明治三十五年には一六九万人、明治四十五年には市内人口だけで二六二万人に達し、早くも通勤ラッシュが起きるほどになっていた。

明治三十年、アメリカから帰国した片山潜は、神田三崎町にキングスレー館を開館した。キングスレー館は、知識人が貧民街に施設をつくり、貧民に教育活動を行うことによって貧民救済に当たるセツルメント活動を目的とした。その活動は、青年倶楽部・幼稚園・社会問題講演・日曜講演・労働会月次懇親会・大学普及講演・西洋料理教授・英語教授・市民夜学校・職工教育会など、欧米の成人教育を取り入れた活動が行われた。このうち青年倶楽部では月次で会が開かれ、演説とレクリエーションが行われた。サンフランシスコから帰国した高野房太郎によって同年六月に「労働組合期成会」が結成され、労働運動の組織化が進められた。片山潜は、高野とともにこの運動の重要な指導者となった。

労働組合期成会は、東京をはじめ各地で啓蒙的な演説を行い、デモンストレーションを計画した。しかし、この計画が警察の干渉を受けて禁止され、また期成会の活動によって誕生した鉄工組合の一周年祭も警察の干渉を受けると、運動の活性化を求めて、明治三十年二月、「青年遊説隊」を結成した。青年遊説隊は翌年三月、「青年団」と改称して演説会や討論会を開催し、工場法や労働時間の短縮などの問題について意見を交わしている。日清戦争後の都市における賃金労働者の出現とスラムの形成、そのスラムに暮らす人々をルポルタージュした横山源之助も、「青年団」の名誉会員であった。

この期成会青年団の活動で注目すべき点は、明治三十二年六月より、労働新聞社において「夜学講習会」を開催し、秋には「青年団職工教育会」と改称しキングスレー館の事業として引き継がれ、明治四十四年（一九一一）の東京市電争議に対する禁圧によってなくなるまで続いたことである。

山本瀧之助は『田舎青年』に続き、『逆境の青年』という題で出版をする準備を進めていたとき、徳富愛嶂が明治三十四年に『逆境之青年』を出版した。この本の識は片山潜が書いている。徳富愛嶂が描いた逆境青年は、産業革命期に入り、都市へ流入して賃金労働者となった新しいタイプの青年の存在であった。二村一人「労働者階級の状態と労働運動」（『岩波講座日本歴史』18　昭和五十年刊）によれば、当時の組合活動家は中途退学者や進学断念組が多かったという。とすれば草莽の寒生という地方青年を代表した瀧之助らの立場と同じ立場である。しかし、瀧之助は、『逆境の青年』を名を改めて『地方青年』として筆戦社から出版したが、その中で青年会の誰かが上京したら、在東京会員などといってとくにもったいらしく扱わないで、すぐに除名すべきと主張している。瀧之助が都市に出た青年を田舎につなぎ止めることを断念したとき、農村を中心とする地域青年団と都市の賃金労働者青年団とは、互いに切り離されたと考えることができる。

また、都市の内部においても、明治四十年に岡田保治『商店事務実験録』が、「一名青年入店の準備」とあることに端的に示されるように、ホワイトカラーを目指す青年を抱えることにもなってきた。

第三章　青年の時代

一　日露戦争と青年会中央機関設立過程

明治三十七年（一九〇四）二月、日露戦争がはじまると、山本瀧之助は三月に千年村尋常小学校で開かれた青年連合会で、千年村若連中で国債百円応募を提議した。瀧之助が千年村で若連中に国債購入を提唱したことは特別なことではなかった。たとえば、沖縄の竹富島島会においても、「日露開戦ノ為メ政府ニ於テハ鮮少ナラサル資金ヲ要スルハ勿論ニ付、此際右年日祝等ノ如キ無用ノ習慣ハ断然廃止シ、一朝軍事公債等募集ノ場合ニ於テハ、相当応募ノ効果ヲ発スル様一層注意セラレ」とあるように、戦費に宛てるために、伝統的な民衆生活の習俗を無用の習慣として排除し、その費用を倹約して軍事国債を購入することを通達している。

瀧之助は、明治三十八年十月に開催される第五回帝国教育会に若連中改善の主張を行いたいと考えていたとき、勅命によって地方巡視中の内務大臣芳川顕正が広島に来た。このとき、瀧之助は広島において大臣に同行の井上友一書記官と面談した。同年七月に発表された内務大臣の視察談には、広島の青年夜学の事例があげられた。この視察談が発表されたのに続き、内務省は九月には吉原地方局長の名で地方青年会の向上発達督励に関して地方長官に通達した。これは青年団に対する内務省のはじめての施策であった。

十月、第五回連合教育会に文部省は、補習教育の発達を図るについてもっとも簡易で有効な方法を諮問した。この諮問の背景には、徴兵検査の際に身体検査とともに実施されていた学力調査である「壮丁教育調査」の結果、多くの小学校卒業者の青年が文盲ないし自分の名前しか満足に書けないという、小学校卒業者の無学漢化を克服する目的があった。

瀧之助は、広島県代議員として連合教育会にはじめて出席した。文部省の諮問に対する瀧之助の意見の骨子は、小学教育上における若連中の弊害を指摘し、国家経済の基礎である農村の働き手の団体である若連中の国家社会における重要性を認識して、時局に際し青年の独立心と社会道義心を陶冶するのに、若連中を改善した「青年団」の効果は偉大で、しかもほとんど経済を離れた問題である、ということであった。

この瀧之助の意見の結果、連合教育会は文部省の諮問に対して、「青年団体の指導善用にあり」との答申を出した。同じ月に設けられた文部省の通俗教育に関する調査委員会は、久保田文部大臣に対して、地方青年団体の指導改良の方法について建議した。これに対し文部省は、十二月二十七日に沢柳普通学務局長の名で「青年団ニ関スル件」の通牒を地方長官に発し、若連中等の青年団体の指導誘掖を奨励した。また、瀧之助の資料提供によって、明治三十九年（一九〇六）一月二日の官報に、全国地方青年団体の概況が掲載された。

十一月、二宮尊徳没後五十年を記念する会が東京音楽堂で開かれ、「報徳会」（大正元年（一九一二）から中央報徳会）ができ、三十九年四月から雑誌『斯民』が創刊され、地方改良政策推進の中心組織となった。『斯民』に瀧之助は地方青年団についての論説や情報を四十数編掲載している。瀧之助以上に載せている人は三一名いるが、小卒の学歴と内務・文部省の嘱託は経験するが、村の尋常小学校教員で、郡立実業補習学校長という身分しかもたなかった人物は瀧之助一人であった。

地方青年団体の中央機関創設は、瀧之助の努力にも関わらずなお時日を必要とした。しかし、地方では市町村単位での青年団の結成は盛んとなっていった。明治四十二年五月に三万人を集めて開催された広島県沼隈郡の第三回青年大会は、大阪朝日新聞社の記者であった長谷川如是閑が、大阪朝日新聞の六月六日日曜附録に掲載した記事の「新若連中」で指摘したように、地方行政官が組織する青年団の全体主義に陥る危険を指摘し、青年団を「私」の団体とすべきであるといって、青年団を法制化して「公」のものとしようとする瀧之助の考えとは違った考え方を示した。

青年団を地方行政組織的な半ば公の団体とするか、それと切り離して私の団体とするかの議論は、当時もっと論じられてもよい重要な論点であるが、この時期には論議となっていない。それは、明治四十一年十月十三日に戊申詔書が発布され、翌日の地方長官会議において、社会主義の取締りと道徳と経済の一致による日露戦後問題処理が訓示され、これを受けた地方では、その趣旨に沿った青年団が簇生したことに見られるように、地方が中央の施策を積極的に受け止め、地方改良を推進したことにあるだろう。明治四十二、三年（一九〇九、一〇）が青年団創立のピークをなすことが、これを証明している（表1）。

　地方改良事業においては、在村地主を中心とする村落共同体の温存が企図されたが、それを村にあって指導するのは、村の生活に密着した知識人である学校教師や僧侶などの宗教家であった。事実、瀧之助が明治四十一年（一九〇八）に書いた「千年村日記」には、教室・職員室などにかかわりなく、小学校は青年男女の学習の場であり娯楽の場であり、会議場であった。

表1　青年団創立年代表

明治10年前	6	明治40年前	478
11年	2	41年	530
12年	3	42年	926
13年	1	43年	871
14年	2	44年	608
15年	3	45年	532
16年	2		
17年	—	大正2年	483
18年	3	3年	497
19年	4	4年	727
20年	12	5年	1,484
21年	12	6年	942
22年	19	7年	611
23年	18	8年	472
24年	16	9年	526
25年	25	10年	525
26年	24	11年	306
27年	26	12年	264
28年	32	13年	205
29年	25	14年	221
30年	51	15年	238
31年	37		
32年	62	昭和2年	114
33年	62	3年	124
34年	45	4年	119
35年	99	5年	44
36年	77	不明	519
37年	118		
38年	258	総調査団数	13,688
39年	278		

明治四十三年に『学校中心自治民育要義』を著した大阪天王寺師範学校長村田宇一郎は、その著書を叙述するに当たって、愛知農林学校長山崎延吉の『農村自治の研究』と山本瀧之助の『地方青年団体』をもとに青年団体と小学教育を考えたと書いている。

明治四十三年四月二十六日、山本瀧之助は山崎延吉と協同して、名古屋市本願寺東別院において、はじめて「全国青年大会」を開催することに成功する。翌月に起きた大逆事件を契機に小松原文部大臣が社会教育振興を強力に推進すると、青年団は社会教育機関としてもっとも期待された。大正七年（一九一八）の第一回全国青年団連合大会を経て、大正十四年（一九二五）四月、やはり名古屋市において大日本連合青年団の発団式が行われ、六大都市を除く青年団体の全国的統一が果たされた。

二　青年団と軍事教育

明治末期から大正期にかけては、青年団が発達し、その全国的な連合化が進行した。と同時に、それは国家が体制として青年団を捉える過程でもあった。その大きな契機となったのは、大正三年（一九一四）六月のサラエボ事件によって七月に勃発した第一次世界大戦であった。ことに陸軍は第一次世界大戦下の欧州を視察してきた田中義一を中心に、イギリスのボーイスカウト、ドイツのワンダーフォーゲルを参考に青年団体の軍事的統制を意図した。

陸軍の臨時軍事調査委員会は、第一次世界大戦の結果、欧州では戦争が総力戦であることを認識し、すべての階級を健全ならしめて国家全体の力を向上するために、団結心を国民教育の根本主義とする認識に立ち、良兵・良民の素地をつくることを青年教育の目的とし、欧州諸国と同様に青年教育の義務制を図り、科学技術教育の軍事的必要性などに注目した。

大正四年（一九一五）九月十五日、内務省・文部省の「青年団体ノ指導発達ニ関スル件」の訓令と、両省次官通牒「青年団体ニ関スル件」が出された。この訓令においては青年団体を「青年修養ノ機関」と規定し、通牒においては青年団体の設置標準が示された。その設置標準によれば、青年団体は義務教育終了者ないしは同年齢の者で満二十歳を最高年齢とし、市町村を区域として小学校長・市町村長などの名望ある者の指導を受け、経費は努めて団員の勤労によって支弁するとされた。この訓令が出された背景には、

第１回全国青年団連合大会（横須賀における水上飛行機見学、大正７年）

田中義一少将の強い意向があったことはよく知られている。ことに最高年齢を二十歳までとしたのは、青年団を徴兵検査までの軍事教育の予備機関とする意図であった。もっとも年齢については、大正九年一月十六日の内務省・文部省の訓令で、二十五歳までにしてもよいようになったが、たとえばここで問題とする石川県の場合、大正四年の内務・文部両省訓令を受けた石川県の青年団準則で、二十歳までを正団員、二十五歳までを特別団員としているので、大正九年内務・文部両省訓令による準則改正で、改めて最高年齢の変更を必要としないとしている。

大正期の青年団指導は、軍事教育予備機関化を意図する陸軍省と、地方改良の担い手、補習教育組織として期待する内務省・文部省、つまり「良兵」と「良民」を創り出す立場の間で揺れ動いていたが、陸軍は大正十四年に成立した青年訓練所によって、もっと直接に軍事教育を行うことを意図していく。

女子青年団は、日露戦争後に処女会が各地で結成され、大正七年に処女会中央部が設立された。大正十五年になると内務・文部両省は男子青年団にならって、女子青年団体の指導と設置要項に関する訓令および通牒を発した。これにより各地で女子青年団が結成され、昭和二年（一九二七）に大日本女子連合青年団が結団された。女子青年団の指導は、訓令に見えるように婦徳の涵養と情操の陶冶などが求められ、良兵・良民を支える良妻賢母の育成が図られた。

三　石川県江沼郡青年団検閲

大正八年（一九一九）九月十一日、江沼郡役所学務課長から郡下町村に対して、知事より指示のあった青年団検閲要項によって第一回の青年団検閲施行が通牒された。

翌月の十月二十五日の日付で、「江沼郡青年団検閲規程」および「江沼郡青年団検閲細則」が制定された。

江沼郡青年団検閲規程

第一條　郡青年団長ハ毎年一回所属青年団の検閲ヲ行フ
第二條　青年団ノ検閲事項凡ソ左ノ如シ
一、青年団ノ施設事項ノ実績
二、青年団事務ノ整否
三、青年団員ノ健康状態
四、青年団員修養ノ成績
第三條　郡青年団長ハ青年団検閲ノ為便宜其ノ役員又ハ他ノ適当ナル者ヲ以テ検閲委員ニ充ツ
第四條　青年団ノ検閲ニハ名誉団員ヲモ参列セシムルモノトス

第五條　郡青年団長ハ所属青年団員ノ検閲ヲ終リタル後検閲ノ成績ニツキ講評ヲ加ヘ指示又ハ注意ヲ与フルモノトス
第六條　郡青年団長ハ検閲ノ日時場所ヲ七日前ニ公示スルモノトス

江沼郡青年団検閲細則

一、青年団検閲ノ公示アリタルトキハ町村青年団長ハ検閲場ノ設備等ニ就キ相当措置スルモノトス
一、町村青年団長ハ所属青年団員中篤行者及修養顕著ニシテ他ノ模範トナスニ足ル者アル時ハ其ノ氏名並ニ事項ヲ調査シ検閲五日前ニ郡青年団長ニ具申スルモノトス
一、町村青年団長ハ所属団員中素行不良ニシテ特ニ訓戒ヲ要スルモノアリタル場合前項同様ノ手続ヲ行フモノトス
一、郡青年団長前二項ノ具申アリタル場合ハ表彰若クハ戒飭等適当ノ処置ヲナスモノトス
一、町村青年団長ハ検閲当日所属正団員ヲ招集シ且ツ之ヲ特別団員及名誉団員ニ通知シ臨席ヲ求ムルモノトス
一、団員ニシテ検閲当日招集ニ応シ難キ者アルトキハ予メ事由ヲ微シ置クモノトス
一、青年団員ハ検閲当日団員手牒ヲ携帯スルモノトス
一、青年団員ノ検閲場ニ於ケル排列ノ方法検閲ノ順序、考試ノ方法等ハ其ノ都度検閲開始前ニ於テ指

示スルモノトス

一、検閲委員ハ郡青年団長ノ命ヲ承ケ検閲事務ニ従事シ其ノ調書ヲ作製スルモノトス

其ノ掌ル所凡ソ左ノ如シ

1、団員検閲ノ際其ノ健康、服装、言語、動作、等ヲ観察シ意見ヲ附シテ郡青年団長ニ提出スルコト

2、試問ニ対スル答解ノ成績ヲ調査シ意見ヲ附シテ郡青年団長ニ提出スルコト

3、施設事項ノ実績、会計事務諸表簿ノ整否等ニツキ調査ヲ作リ郡青年団長ニ提出スルコト

大正八年十月十五日

検閲規定では、第一条で郡青年団長は毎年一回所属青年団の検閲を行うこととされた。第二条で検閲事項は、一、青年団の施設事項の実績、二、青年団事務の整否、三、青年団員の健康状態、四、青年団員の修養の成績と規定された。第三条では郡青年団長は青年団検閲のため、「検閲委員」を任命することとした。第四条では、検閲には名誉団員も参列せしむること。第五条は、郡青年団長は検閲の成績について講評を加え、指示または注意を与えるものとし、第六条では、郡青年団長は検閲の日時場所を七日以前に公示することと規定された。

細則では、町村青年団長は、所属青年団員の中で篤行者および修養顕著で他の模範となるものを、検閲五日前に郡青年団長に具申すること、逆に素行不良の者でとくに訓戒を加える要のある者も具申すること、

表2　石川県江沼郡第一回青年団検閲成績統計表

団　名	学科	出席	服装	言語	動作	平均	等位	施行年月日
南郷村	42.31	98.91	91.20	87.91	78.02	79.67	7	大正 8.11.11
動橋村	67.65	80.00	64.71	67.64	64.71	68.94	14	8.11.12
庄　村	76.92	98.73	70.51	53.85	64.10	72.82	13	8.11.13
作見村	79.55	97.34	94.55	90.91	85.45	89.56	1	8.11.14
那谷村	73.89	100.00	97.78	86.67	87.78	89.22	2	8.11.14
三木村	75.00	87.00	83.75	95.00	75.00	83.15	5	8.12. 3
三谷村	68.52	87.10	93.83	90.12	91.36	86.19	4	8.12. 4
矢田野村	92.11	83.52	93.01	90.80	78.96	87.68	3	8.12. 5
分校村	58.96	72.04	95.52	98.51	88.06	82.62	6	8.12. 6
勅使村	62.66	89.77	88.61	89.87	67.09	79.60	9	8.11.25
東谷口村	66.67	91.30	82.54	73.04	71.43	77.00	11	8.11.26
東谷奥村	52.23	84.91	100.00	94.44	66.67	79.65	8	8.11.26
西谷村	57.56	59.62	81.39	66.28	51.16	63.20	18	8.11.28
山中町	70.11	63.01	98.48	94.57	67.39	78.71	10	9. 3. 7
塩津村	60.77	77.78	70.77	70.77	49.23	65.86	17	9. 4.22
月津村	73.08	78.79	60.58	66.34	43.26	64.41	16	9. 4.23
河南村	15.44	92.13	82.93	69.21	17.07	55.36	19	9. 4.26
山代村	62.34	45.00	51.11	66.67	51.11	55.25	20	9. 4.27
福田村	52.94	70.83	64.71	97.06	82.35	73.58	12	9. 4.28
大聖寺村	53.63	47.59	91.30	84.06	63.77	68.07	15	9. 5.30

検閲委員は、検閲の際に健康・服装・言語・動作などを観察して意見を付して郡青年団長に提出すること、試問に対する答解の成績を調査して意見を付して郡青年団長に提出すること、施設事項の実績、会計事務諸表簿の整否などにつき郡青年団長に提出することが定められた。

青年団検閲委員には、塩原郡書記（会計）・新郡書記（庶務）・柳田郡視学（学術）が青年団検閲常設委員となり、各村では小学校の校長と訓導の三人が、主として学術考試の試験委員に任命された。

表2の第一回の検閲成績の施行日欄に示したように、検閲は大正八年（一九一九）十一月十一日の南郷村を皮切りに、十二日は動橋村、十三日は庄村というよ

うに、日を追って町村を移して検閲が行われた。ただし、教化運動指導者の花田仲之助の講演会や出稼ぎの多いこと、出征兵士の歓迎など、各町村の事情によって施行日は変更され、最後の大聖寺町の検閲が終了したのは、大正九年五月三十日であった。

検閲会場は図2に示した。

検閲に際しては、図3の「召集状」(召集令状としているところもある)が、村の青年団長から青年団員に発せられ、当日、以下のような実施細目によって検閲が行われた。

南郷村青年団検閲実施細目

団員数　正六十九　特二十四　九十三人

第一鈴　団員着席　特八後方　正八前方　身長順

午後一時開始

一、来賓着席

二、所属団長、検閲者ヲ会場ニ導ク

(此時幹部気付ノ号令ヲ下シ起立セシム)

三、検閲者着席直チニ号令ニ依リ一同敬令

四、所属団長ヨリ検閲方ヲ申請ス

五、検閲者検閲開始ヲ宣告ス

六、君か代合唱
七、郡青年団長勅語奉読
八、一同着席
九、団員順次申告
十、郡青年団長ノ試問
第二鈴　団員各（正、特）別ニ別席ニ着席
一、筆答考試施行

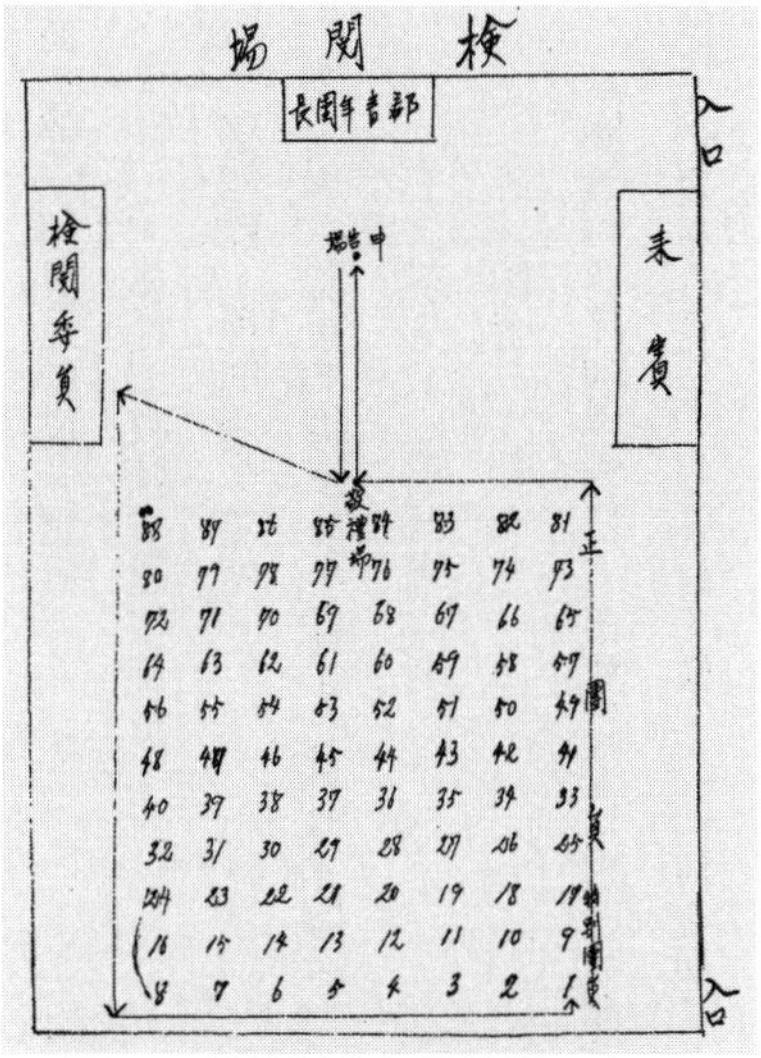

図２　勅使村青年団検閲の会場
（大正８年11月25日施行）

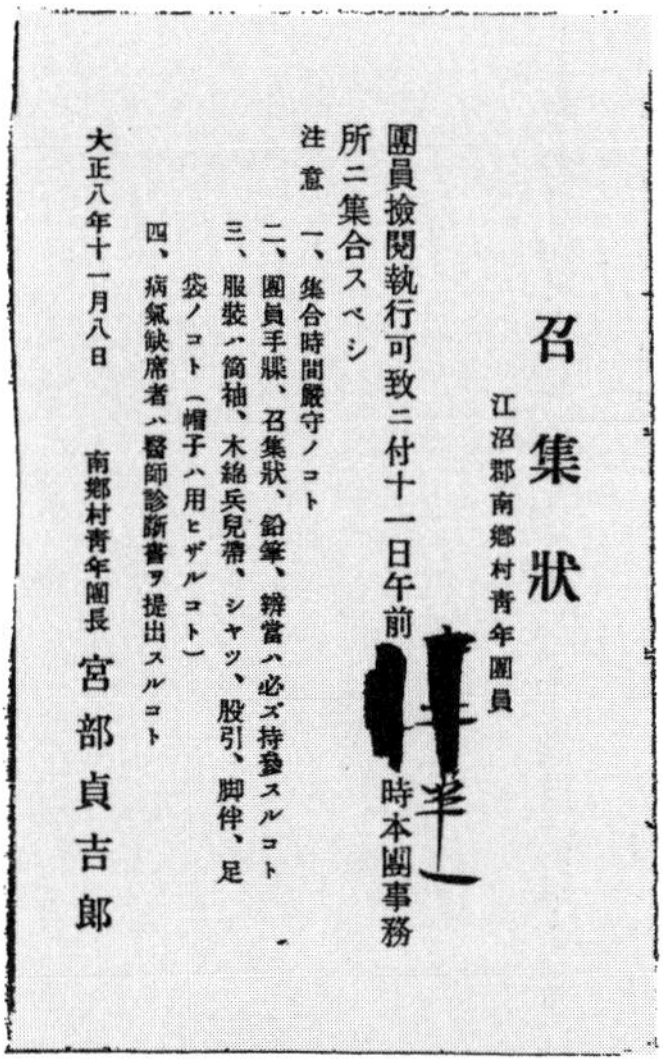

召集狀

江沼郡南郷村青年團員 [redacted]

團員撿閲執行可致ニ付十一日午前[redacted]時本團事務所ニ集合スヘシ

注意　一、集合時間嚴守ノコト
二、團員手縣、召集狀、鉛筆、辨當ハ必ズ持參スルコト
三、服裝ハ筒袖、木綿兵兒帶、シャツ、股引、脚絆、足袋ノコト（帽子ハ用ヒザルコト）
四、病氣缺席者ハ醫師診斷書ヲ提出スルコト

大正八年十一月八日

南郷村青年團長　宮部貞吉郎

図3　南郷村青年団検閲召集状

第三鈴　団員運動場ニ整列
一、体操、教練、競技施行
第四鈴　検閲場ニ着席
一、郡青年団長ヨリ講評、訓示、指示
二、表彰式（特殊者ニ対シテ）
三、閉会

試問等の具体的内容は、南郷村では口頭試問で、もっともありがたいと思うこと、今後世に処するについて必要なる覚悟、三谷村では、心に何を願えるや、願望叶わざるときはいかにするか、感謝したいと思うこと有難いと思うこと、国体の外国と異なれる点如何、わが国の成立の他国と異なる点如何、神勅を知れりや、孝行する道をいえ、祖先を有難しと思わぬものもあらざるべし、国家社会の有難きことも思わざるべからず、一人前の国民となって世に立つ覚悟などの質問が行われた。

そのほか、健康状態・服装・言語・挙動の検閲事項があり、そして「筆答」があった。筆答問題は、表3（国語科）、表4（算術科）の石川県江沼郡青年団検閲学術問題で一覧に供したように「国語科」と「算術科」とがあり、それぞれ尋常小学校と高等小学校卒業程度の二区分で筆記試験が行われた。

また、施設概況の検閲は、諸帳簿正否、団費会計、団員名簿、事業、団員手牒などの項目が検閲された。例として、第一回の勅使村の施設報告をあげる。

表3　石川県江沼郡第一回青年団検閲学術問題（国語科）その1

団名　出題	尋卒之部	高卒之部
東谷口村	一　左ノ仮名ヲ漢字ニ直セ 1.セイネンダンケンエツ 2.コクモツケンサ 二　左ノ漢字ニ仮名ヲツケ 1.報國盡忠 2.模範桑園	一　左ノ仮名ヲ漢字ニ直セ 1.ギインセンキョ 2.ミンリョクカンヨウ 3.ノウカケイザイ 4.ジチダンタイ 二　左ノ漢字ニ仮名ヲツケ 1.國産奨勵 2.青年倶樂部 3.機會均等 4.土地借款
東谷奥村	一　左ノ文中ノ片仮名ヲ漢字ニ直セ 御（ショウチ）の（トホ）り各地は寒氣（ツヨ）く（セキセツ）五尺に及び交通殆ど全く（た）え候へ共夏は氣候（オンワ）にして誠に（シノ）きよく候 二　左ノ漢字ニ仮名ヲツケヨ 轉業　製造　結束　運搬　消費	一　左ノ文中ノ片仮名ニ相當スル漢字ヲ書ケ 1.（カウチセイリ）は縣下諸村に先んじて（チャクシュ）し昨年すでに之を（グワンセイ）せり。 2.作物の（ハツイク）目立てよくなり村人の喜び一方ならず。 二　左ノ漢字ニ仮名ヲツケヨ 需要供給　經濟組織　照會
西谷村	同　　上	一　左ノ文中ノ片仮名ヲ漢字ニ直セ 法律は唯國利民福を（ゾウシン）し（アンネイチツジョ）を保持せんが為、國家の（ケンリ）を以て（カンショウ）すべき事項を規定するに止まれり。 二　左ノ漢字ニ振仮名ヲ施セ 訴訟　世態　擯斥　粗服敝履

表3　石川県江沼郡第一回青年団検閲学術問題（国語科）その2

出題 団名	尋卒之部	高卒之部
山　中　町	一　左ノ仮名ヲ漢字ニ直セ ハツデンショ　オンセンヂヤウ　ヤクシヤマ 二　左ノ漢字ニ仮名ヲツケヨ 浴客　資本　奮励　掃除　講演	一　左ノ仮名ヲ漢字ニ直セ ギインセンキョ　ケンエツ　ミンリョクカンヨウ 二　左ノ漢字ニ仮名ヲ附セ 自彊不息　機會均等　借款
塩　津　村 (外4ヶ町村か)	一　漢字ニナホセ ヒカウキ　カイリョウ 二　仮名ヲツケヨ 需要供給　靴	一　漢字ニナホセ ブツサンチンレツクワン 二　仮名ヲツケヨ 顯微鏡　影響
南　郷　村	一　次ノ仮名ヲ漢字ニナホス イ.バンセイイツケイのテンノウヘイカ　ロ.ナンゴウムラセイネンダンケンエツ 二　次ノ漢字ニ仮名ヲツケ イ.五穀豊饒 ロ.皇統連綿	一　次ノ仮名ヲ漢字ニナホセ イ.シンリンバツサイ　カスイハンラン　ロ.ソセンスウハイ　キリツセイゼン 二　次ノ漢字ニ仮名ヲツケ 金甌無缺　批准交換　民力涵養　莫大小
動　橋　村	一　左ノ仮名ヲ漢字ニナホセ イ.カテイワラク ロ.サンマイケンサ 二　左ノ漢字ニ仮名ヲツケ イ.報國盡忠 ロ.需要供給	一　左ノ仮名ヲ漢字ニ直セ イ.ノウカケイザイ　ギインセンキョ　ロ.ミンリョクカンヤウ　テツドウセンロ 二　左ノ漢字ニ仮名ヲツケ イ.優柔不斷　萬機公論 ロ.金甌無缺　護謨産額
庄　　　村	一　左ノ假名ヲ漢字ニ直セ イ.シカイドウボウ ロ.ソゼイクワンノウ 二　左ノ漢字ヲ仮名ニ直セ イ.模範農園 ロ.議會協賛	一　左ノ仮名ヲ漢字ニ直セ イ.サンギョウクミアイ　デンセンビヤウ　ヨボウ ロ.シュンカシュウトウ　ジチキクワン 二　左ノ漢字ニ仮名ヲツケ イ.毀誉褒貶　機會均等 ロ.天機奉伺　土地借款
作　見　村	同　　上	同　　上

表3 石川県江沼郡第一回青年団検閲学術問題(国語科)その3

団名 出題	尋卒之部	高卒之部
那 谷 村	一 左ノ假名ヲ漢字ニ直セ 1.セイネンダンケンエツ 2.サンマイケンサ 二 左ノ漢字ニ假名ヲツケ 1.報國盡忠 2.模範桑園	一 左ノ假名ヲ漢字ニ直セ 1.ギインセンキョ 2.ミンリョクカンヨウ 3.ノウカケイザイ 4.ジチダンタイ 二 左ノ漢字ニ假名ヲツケ 1.萬機公論 2.優柔不斷 3.國産奨勵 4.青年倶樂部
三 木 村	一 左ノ文中ノ片仮名ヲ漢字ニ直セ 御(ショウチ)の(トホ)り冬は寒氣(ツヨ)く(セキセツ)五尺に及び交通殆ど全く(た)え候へ共夏は氣候(オンワ)にして誠に(シノ)きよく候 二 左ノ漢字ニ仮名ヲツケヨ 轉業 製造 結束 運搬 消費	一 左ノ文中ノ片仮名ヲ漢字ニ直セ 法律は唯國利民福を(ゾウシン)し(アンネイチツジョ)を保持せんが為、國家の(ケンリ)を以て(カンショウ)すべき事項を規定するに止まれり。 二 左ノ漢字ニ仮名ヲツケ 訴訟 世態 擯斥 粗服敝履
三 谷 村	同 上	同 上
分 校 村	同 上	同 上
大 聖 寺 篠 原	一 左ノ假名ヲ漢字ニ直セ イッチキョウドウ ソセン 二 仮名ヲツケヨ 御稜威 經費	一 漢字ニナホセ ショトクゼイ チョチク 二 假名ヲツケ 碩儒 探照燈
山 中 町	一 カン字ニナホセ コクウン ハツテン スミヤカなり 二 カナヲツケ 航空機 活動	一 漢字ニナホセ ビジュツハクブツカン 二 カナヲツケ 望遠鏡 臆測
勅 使 村	一 漢字ニナホセ ヒカウキ カイリョウ 一 仮名ヲツケ 需要供給 靴	一 漢字ニナホセ ブツサン チンレツクワン 一 仮名ヲツケヨ 顯微鏡 影響

表4　石川県江沼郡第一回青年団検閲学術問題（算術科）その1

出題 / 団名	尋卒之部	高卒之部
（実施日） 8年11月26日 東谷口村	1）$(\frac{5}{6}-\frac{1}{3})\times\frac{4}{5}+\frac{3}{5}$ 2）間口15間奥行16間ノ宅地ト同ジ廣サニテ間口24間ノ宅地アリ奥行ハ何程ナルカ	1）$\{1-(\frac{3}{10}+\frac{3}{5})\}\times\frac{2}{3}\div\frac{4}{5}$ 2）定價150圓、品物ヲ2割5分利シテ賣リ百圓札二枚ヲ受取リタリト釣銭何程ヲ返スベキカ
8年11月27日 東谷奥村	同　　上	同　　上
8年11月28日 西谷村	1）次の引算を行へ 15里6町27間3尺－3里6町53間2尺 2）定價10圓50銭ノ品物ヲ1割5分引キニテ買ヘバ代金何程カ	1）次の計算を行へ 57834×21＋64925÷25－12345 2）一株50圓ノ株ヲ85圓ニテ買上年1割1分ノ配当ヲ受クトスレバ利廻ハ何程ナルカ
9年3月7日 山中町	1）$\frac{3}{4}\div\frac{5}{8}\times(\frac{7}{9}+\frac{2}{3})$ 2）幅八間半長十三間ノ矩形ノ宅地アリ此ノ宅地ニ建坪二十四坪ノ建物ヲ建ツレバ空地幾坪トナルカ	1）$\{4-(2\frac{5}{6}+\frac{2}{3})\}\div\frac{2}{5}$ 2）原價150圓ノ品物ヲ二割五分ノ利ヲ得テ賣ラントス賣價如何
9年4月22日 塩津村 （外4ヶ町村カ）	1）$(2\frac{1}{6}-1\frac{3}{5})\div3\div5$ 2）25人ニテ9日掛ル仕事ヲ15人ニテスレバ幾日掛ルカ	1）$(1\frac{1}{2}+1\frac{1}{4}-1\frac{1}{8})\times4\frac{1}{2}\times(\frac{3}{10}+\frac{4}{5})\div\frac{1}{8}$ 2）金40円ヲ1年3ヶ月貸シ利息5円40銭ヲ得レバ月利率何程カ
8年11月11日 南郷村	1）$(\frac{7}{9}+\frac{2}{3})\times\frac{3}{4}\div\frac{5}{8}$ 2）或人一石52円50銭ノ割ニテ四斗入ノ米九俵ヲ賣タリト代價ハ何程カ	1）$\{2-(\frac{1}{3}+\frac{1}{4})\times2\}\div\frac{1}{6}+2$ 2）原價100圓ノ品物ニ3割増ノ定價ヲ附シ之ヲ定價ノ2割引ニテ賣リ払ヘリト云フ此人何程ノ利益ヲ得タルカ

表4　石川県江沼郡第一回青年団検閲学術問題（算術科）その2

団名　出題	尋卒之部	高卒之部
8年11月12日 動　橋　村	1）$(\frac{3}{5}-\frac{1}{6})\times\frac{1}{2}\div\frac{13}{15}$ 2）或人米一石ニ付五十一円ノ割ニテ四斗入十二俵ヲ賣ラバ代金如何程貰フベキカ	1）$\{4-(2\frac{5}{6}+\frac{2}{3})\}\times\frac{3}{5}\div\frac{2}{5}$ 2）定價ノ八掛半ニテ買ヒ其代金トシテ1円27銭5厘ヲ拂ヒタリ此定價何程カ
8年11月13日 庄　　　村	1）$(\frac{5}{6}-\frac{1}{3})\times\frac{4}{5}+\frac{3}{5}$ 2）間口15間奥行16間ノ宅地ト同ジ廣サニテ間口24間ノ宅地アリ、其ノ奥行ハ何程ナルカ	1）$\{1-(\frac{3}{10}+\frac{3}{5})\}\times\frac{2}{3}\div\frac{4}{5}$ 2）定價150圓ノ品物ヲ2割5分利シテ賣ラントス賣価何程ナルカ
8年11月14日 作　見　村	同　　上	同　　上
8年11月15日 那　谷　村	1）$(\frac{7}{9}+\frac{2}{3})\times\frac{3}{4}\div\frac{5}{8}$ 2）元金800円年利率1割2分トスレバ2ヶ年ノ利息ハ如何	1）$\{4-(2\frac{5}{6}+\frac{2}{3})\}\times\frac{3}{5}\div\frac{2}{5}$ 2）定價150円ノ品物ヲ2割5分利シテ賣ラントス賣價如何
8年12月3日 三　木　村	1）次ノ引算ヲ行ヘ 7町0段8畝12歩－2町3段4畝20歩 2）或人金280圓を9箇月貸し利息26圓25銭を得たり年利何程に當るか	1）$\{(351-123)\div57\times8-13\}\times8.02-10.7$ 2）大小二数あり、小なる方は8にして、大なる方は小なる方の3倍よりも976丈け大なりといふ大なる方は何程なるか
8年12月4日 三　谷　村	1）次ノ引算ヲ行ヘ 5日18時45分20秒－3日23時36分40秒 2）或人金参百五拾圓ヲ二年六ヶ月間年利一割二分ニテ貸シタリ其利息ハ何程ナルカ	1）5日3時8秒ヲ秒ニ直セ 2）或戦争ニ於テ死者39名傷者若干名アリタリ而シテ其死者ハ傷者ノ6分5厘ニ當レリト傷者ノ数ハ何程ナルカ

表4　石川県江沼郡第一回青年団検閲学術問題（算術科）その3

団名　出題	尋卒之部	高卒之部
8年12月5日 矢田野村	1）$(\frac{5}{6}-\frac{1}{3})\times\frac{4}{5}+\frac{3}{5}$ 2）或人金350円ヲ二年間年利1割2分ニテ貸シタリ其利息ハ何程ナルカ	1）次ノ面積ヲ求メヨ 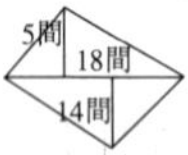 2）或人金若干円ヲ年利5分8厘ニテ貸シ一年ノ終リニ於テ元利合計2433円40銭ヲ得タリ元金何程ナルカ
8年12月6日 分校村	1）次ノ引算ヲ行へ 1.23－0.054÷0.05＋0.45－0.2×1.5×2 2）雇人ノ賃銭男4人分と女7人分とは相等しく女1人分の賃銭は60銭なりとすれば男1人分の賃銭は何程なるか	1）$10000-345\times13-\frac{7}{15}\times25$ 2）底邊30間高さ15間なる平行四邊形の地と上底20間下底30間高さ30間なる梯形の地とは面積の於て何程の差あるか
大聖寺 篠原	1）$(\frac{7}{9}+\frac{2}{3})\times\frac{3}{4}\div\frac{5}{8}$ 2）元金800円年利率1割2分トスレバ2ヶ年ノ利息ハ如何	1）$\{4-(2\frac{5}{6}+\frac{2}{3})\}\times\frac{3}{5}\div\frac{2}{5}$ 2）定價150円ノ品物ヲ2割5分利シテ賣ラントス賣價如何
10年2月1日 山中町 A	1）$(\frac{1}{9}+\frac{2}{5}-\frac{1}{2})\div4$ 2）自轉車デ2時間ニ9里ユケバ45里行クニ何時間カ、ルカ	1）$(2\frac{1}{2}+3\frac{1}{3}-4\frac{1}{4})\div(5\frac{1}{5}+\frac{1}{12})$ 2）元金85円月利1分4厘デ5円95銭ノ利子ヲ得ルニハ幾円カ、ルカ
B	1）$(\frac{1}{7}+\frac{3}{5}-\frac{1}{2})\div4$ 2）2時間デ9里進ム自轉車ハ45里進ムニ何時間カ、ルカ	1）同 2）或人金85円ヲ月利1分4厘ニテ借リ5円95銭ノ利ヲ添ヘテ返済アリト期間何程カ
9年12月3日 勅使村	1）$(2\frac{1}{6}-1\frac{3}{5})\div3\div5$ 2）25人ニテ9日掛ル仕事ヲ15人ニテスレバ幾日掛ルカ	1）$(1\frac{1}{2}+1\frac{1}{4}-1\frac{1}{8})\times4\frac{1}{2}\times(\frac{3}{10}+\frac{4}{5})\div\frac{1}{8}$ 2）金40円ヲ1年3ヵ月貸シ利息分5円40銭ヲ得レバ月利率何程カ

一、朝起会、毎月一日勅使願成寺　後駆足
一、共同作業（毎週土日曜ノ晩）製品ハ共同販売トナシ又ハ労力ヨリ得タル金額中弐拾円宛ヲ団基本金トナス金額ハ全部勅使産業組合ニ預入残金ニテ支部経費ヲ維持ス
一、修養会（三月）勅使願成寺
基本金総額七十二円
一、巡回文庫　弐個
書籍四十二冊　今年度拾円購入ノ予定
一、団費一名三十銭一回徴収（字役員ニテ取纏）
一字分未納
大正八年度経費総額　五十一円二十一銭
一、村奨励金二十五円
一、八十八名中七十九名出席
一、団員手牒記入洩　中道善才
手牒ナシ

検閲の成績は、図4に示した成績表に記入されて、郡青年団長に提出された。郡青年団では、この成績表の結果により、成績優秀な青年団に対して郡の補習教育奨励費から、第一回の場合、作見村ほか三ヵ村

に九円が奨励金として下付された。そのほか、各青年団から郡青年団長に申請のあった模範青年団員が表彰されたが、これは検閲に先立って申請され、検閲のときに表彰された。なお、もっとも調査事項が充実した第二回の各町村の成績表を参考に提示する（表5）。

以上の青年団検閲の実施過程を見ると、青年団検閲の目的は、青年団の事業と運営の整備、青年団員の健康・修養・学術知識の評価にあったといえる。

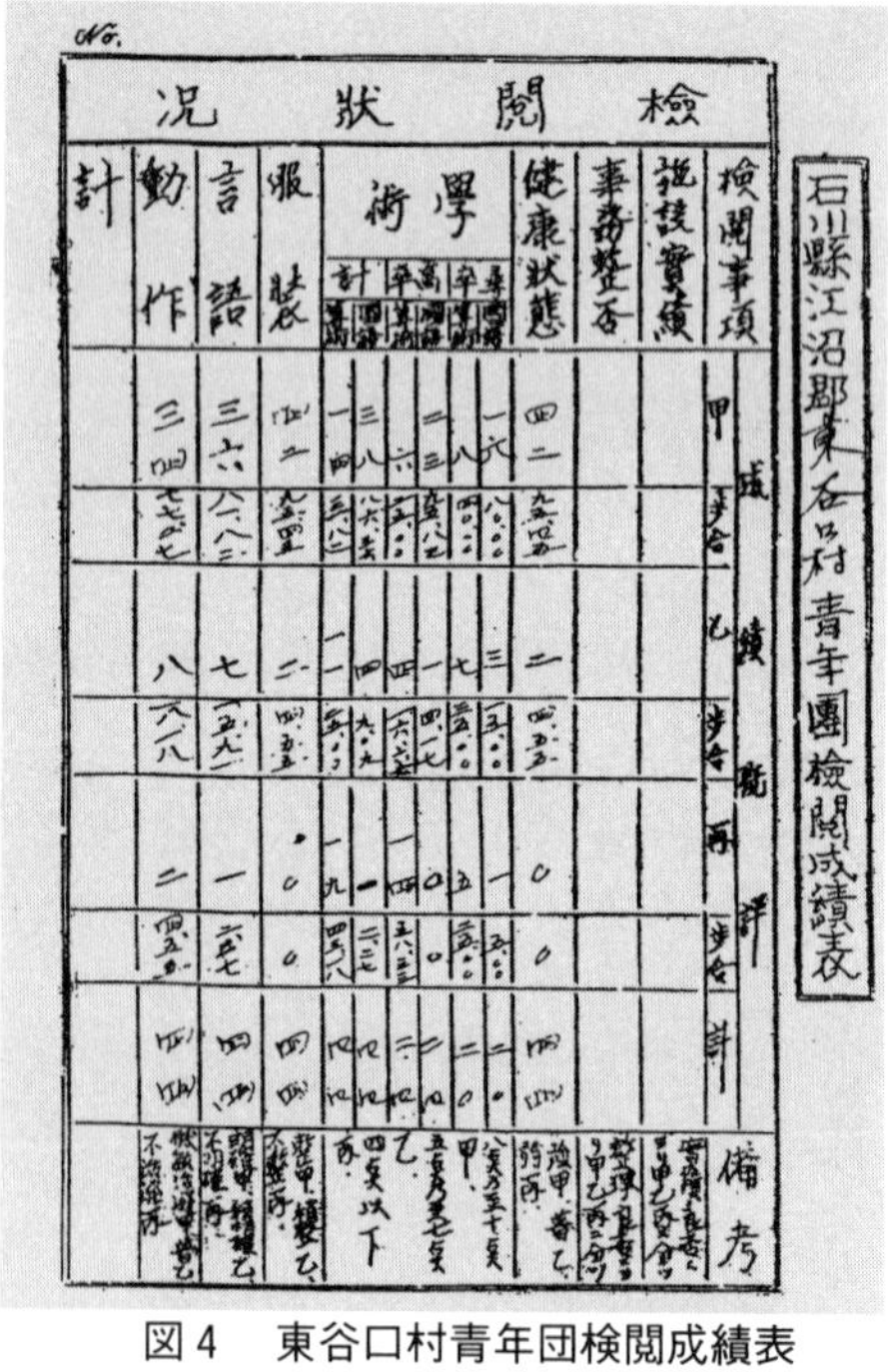
石川縣江沼郡東谷口村青年團検閲成績表

検閲状況

検閲事項	施設實績	事務整否	健康状態	學術	服装	言語	動作	計

備考

図4　東谷口村青年団検閲成績表
（大正9年12月14日施行）

四　山本瀧之助と石川県青年団検閲

石川県下の青年団検閲については、『石川県教育史』第二巻の第六章第一節において、第一回の青年団検閲について、その沿革が述べられている。その記述の主たる典拠は、石川県教育界発行の雑誌『石川教育』の記事であるので、『石川教育』の記事によって石川県における青年団検閲の状況を見てみよう。

『石川教育』に、青年団検閲の記事がはじめて見えるのは、一八七号（大正八年十一月）の石川県青年団指導員加藤政吉の「青年団検閲法」である。この記事によれば、大正八年（一九一九）六月、郡市長会議において石川県知事が、大正七年六月訓令に青年団体の要綱を示し青年団体の指導奨励を図ったが、さらにその一層の善導のため青年団検閲をその有効な方法として指示し、青年団検閲要項を示した。実際の検閲は、大正八年九月八日に河北郡三谷村からはじまり、十月二十七日から十一月二十八日までを一期として能美郡において一一団体が行われ、十一月三日から八日までに石川郡と江沼郡で各六団体が行われた。

さて、石川県がなぜ青年団検閲を施策することになったのか、その背景について加藤政吉は、「青年団検閲法」に次のように書いている。

青年団の研究家として又指導家の先輩として有名なる山本瀧之助君などは夙に其の必要を唱導し同君の指導して居る広島県の沼隈郡などは数年前から検閲を実施して大いに其効果収めて居る。静岡県の志太郡にも三十四年前から検閲を施行して居るが其の効力は予期以上ださうだ。青年団の検閲ではないが秋田県は県令を以て教育点呼を施行している。小学校卒業後から丁年まで毎年一回馘首の試問によりて教育程度を調査するのであるが青年をして補習教育に励ましめる上に於て極めて有効だそうだ。

要するに青年団検閲は団体の発達を図る為にも必要な施設である。

この加藤の文章から、石川県における青年団検閲が、山本瀧之助が提唱して広島県沼隈郡で実施された

回青年団検閲成績表 その1

術				服装		言語		動作		出席状況			
計										正団員	特別団員	計	出席率
国語		算術											
55	77.46	47	66.20	69	97.8	45	63.38	46	64.79	58	13	71	
9	12.68	20	28.17	2	2.82	25	35.21	24	33.80				
7	9.86	4	5.63			1	1.41	1	1.41				
71		71		71		71		71		60	25	85	83.53
36	94.74	30	78.95	33	86.85	37	97.37	32	86.32	23	17	40	
2	5.26	8	21.05	5	13.15	1	2.63	6	13.68				
38		38		38		38		38		30	31	61	65.57
71	78.89	29	32.22	75	83.34	76	84.44	76	84.44	62	28	90	
15	16.67	37	41.11	15	16.66	14	15.56	14	15.56				
4	4.44	24	26.67										
90		90		90		90		90		63	28	91	98.90
59	80.82	52	71.23	69	94.52	59	76.27	56	69.64	50	24	74	
6	8.22	14	19.8	4	5.48	14	23.73	17	30.36				
8	10.96	7	9.59										
73		73		73		73		73		53	30	83	89.16
72	74.23	69	71.13	67	69.07	48	49.49	48	49.49	64	33	97	
25	25.77	17	17.53	24	24.74	33	34.02	29	29.90				
		11	11.34	6	6.19	16	16.47	20	20.62				
97		97		97		97		97		78	48	126	75.40
59	74.68	36	45.57	74	93.67	71	89.87	68	86.08	50	29	79	
20	25.33	30	37.97	5	6.33	8	10.13	11	13.92				
		13	16.46										
79		79		79		79		79		54	32	86	91.86
38	86.36	14	3.82	42	95.45	36	81.82	34	77.27	27	17	44	
4	9.09	11	25.00	2	4.55	7	15.91	8	18.18				
1	2.27	19	43.18			1	2.27	2	4.55				
44		44		44		44		44		31	26	57	77.19
77	96.25	69	86.25	72	90.00	36	45.00	20	25.00	62	18	80	
1	1.25	4	5.00	8	10.00	33	41.25	48	60.00				
2	2.50	7	8.75			11	13.75	12	15.00				
80		80		80		80		80		63	19	82	97.56
83	85.57	84	86.60	97	100.00	72	74.23	77	79.38	67	30	97	
13	13.40	11	11.34			25	25.77	20	20.62				
1	1.03	2	2.06										
97		97		97		97		97		73	35	108	89.81
32	60.38	19	35.85	49	92.44	40	75.47	41	77.36	35	18	53	
15	28.30	24	45.28	4	7.56	13	24.53	12	22.64				
6	11.32	10	18.87										
53		53		53		53		53		49	31	80	66.25
66	97.06	54	79.41	61	89.71	65	95.59	59	86.76	44	24	68	
2	2.94	13	19.12	7	10.29	3	4.41	8	11.76				
		1	1.47					1	1.47				
68		68		68		68		68		44	24	68	100.00

表5　石川県江沼郡第2

検閲事項／団名		施設実績 歩合	施行日	健康状態	歩合	学 尋卒 国語		尋卒 算術		高卒 国語		高卒 算術	
勅使村	甲			49	69.01	31	67.39	34	73.91	24	96.00	13	52.00
	乙			19	26.76	8	17.39	10	21.74	1	4.00	10	40.00
	丙			3	4.23	7	15.22	2	4.35			2	8.00
	計		9年12月3日	71		46		46		25		25	
月津村	甲			36	94.74	11	91.67	11	91.67	25	96.06	19	73.09
	乙			1	2.63	1	8.33	1	8.33	1	3.94	7	26.91
	丙			1	2.63								
	計		9年12月4日	38		12		12		26		26	
那谷村	甲			75	82.34	25	58.18	4	9.30	46	97.87	25	53.19
	乙			15	16.66	15	34.89	23	53.49			14	29.79
	丙					3	28.98	16	37.21	1	2.13	8	17.02
	計		9年12月6日	90		43		43		47		47	
動橋村	甲			73	100.00	18	64.29	12	42.86	41	91.11	40	88.89
	乙					6	21.83	11	39.29			3	6.67
	丙					4	14.29	5	17.86	4	8.89	2	4.44
	計		9年12月7日	73		28		28		45		45	
西谷村	甲			55	56.70	53	68.83	53	68.83	19	95.00	16	80.00
	乙			38	39.18	24	31.17	17	22.08	1	5.00		
	丙			4	4.12			7	9.09			4	20.00
	計		9年12月11日	97		77		77		20		20	
三谷村	甲			70	88.61	55	76.39	33	45.83	4	57.14	3	42.86
	乙			9	11.39	17	23.61	28	38.89	3	42.86	2	28.57
	丙							11	15.28			2	28.57
	計		9年12月13日	79		72		72		7		7	
東谷口村	甲			42	95.45	16	80.00	8	40.00	23	95.83	6	25.00
	乙			2	4.55	3	15.00	7	35.00	1	4.17	4	16.67
	丙					1	5.00	5	25.00			14	58.33
	計		9年12月14日	44		20		20		24		24	
東谷奥村	甲			77	95.00	55	94.83	56	96.55	22	100.00	13	59.09
	乙			3	5.00	1	1.72					4	18.18
	丙					2	3.45	2	3.45			5	22.73
	計		9年12月18日	80		58		58		22		22	
作見村	甲			82	84.54	4	44.44	8	88.89	79	89.77	76	86.36
	乙			15	15.46	4	44.44			9	10.23	11	12.50
	丙					1	11.11	1	11.11			1	1.14
	計		10年1月17日	97		9		9		88		88	
黒崎村	甲			48	90.56	9	39.13	6	26.09	23	76.67	13	43.33
	乙			5	9.44	8	34.78	11	47.83	7	23.33	13	43.33
	丙					6	26.09	6	26.09			4	13.33
	計		10年1月18日	53		23		23		30		30	
矢田野村	甲			62	91.18	15	93.75	15	93.75	51	98.08	39	75.00
	乙			6	8.82	1	6.25	1	6.25	1	1.92	12	23.08
	丙											1	1.92
	計		10年1月19日	68		16		16		52		52	

回青年団検閲成績表 その2

術				服装		言語		動作		出席状況			
計										正団員	特別団員	計	出席率
国語		算術											
68	98.55	59	80.51	69	100.00	68	98.55	64	92.75	40	29	69	
1	1.45	7	1.01					5	7.25				
		3	4.35			1	1.45						
69		69		69		69		69		40	37	77	89.61
45	76.27	22	37.29	38	64.47	27	45.76	22	37.29	52	7	59	
14	23.73	20	33.90	20	33.90	32	54.24	32	54.24				
		17	28.81	1	1.69			5	8.47				
59		59		59		59		59		60	17	77	76.6
66	85.73	51	67.68	61	83.56	70	95.89	62	84.93	53	24	77	
6	7.79	16	20.78	12	16.44	3	4.11	11	15.06				
5	6.50	10	12.99										
77		77		73		73		73		56	26	82	93.9
63	96.92	48	73.85	45	69.23	38	58.46	34	52.31	46	19	65	
2	3.07	7	10.77	20	30.77	27	41.54	24	36.92				
		10	15.38					7	10.77				
65		65		65		65		65		62	29	91	71.4
33	84.62	19	48.72	31	79.49	16	41.03	15	38.46	34	5	39	
4	10.26	12	30.79	8	20.51	23	58.97	19	48.72				
2	5.12	8	20.51					5	12.82				
39		39		39		39		39		40	9	49	79.5
51	70.83	44	61.11	54	75.00	54	75.00	59	81.94	48	24	72	
15	20.85	22	30.56	18	25.00	16	22.22	9	12.50				
6	8.33	6	8.33			2	2.67	4	5.56				
72		72		72		72		72		61	57	118	61.0
44	93.62	38	80.85	9	19.15	45	95.74	42	89.36	35	12	47	
3	6.38	7	14.89	30	63.83	2	4.26	5	10.64				
		2	4.26	8	17.02								
47		47		47		47		47		148	44	192	24.47
42	75.00	35	62.50	36	64.24	22	39.29	18	32.14	46	10	56	
12	21.42	14	25.00	20	35.71	28	50.00	31	55.36				
2	3.57	7	12.50			6	10.71	7	12.50				
56		56		56		56		56		63	28	91	62.69
58	92.06	40	63.49	55	87.30	55	87.30	53	84.13	52	11	63	
3	4.76	18	28.57	8	12.70	8	12.70	10	15.87		(欠事故11)		
2	3.17	5	7.94										
63		63		63		63		63		52	23	75	84.00
18	66.67	18	66.67	24	88.89	24	88.89	20	74.07	21	6	27	
9	33.33	5	18.52	3	11.11	3	11.11	7	25.93				
		4	14.81										
27		27		27		27		27		82	60	142	11.91

表5　石川県江沼郡第2

検閲事項/団名		施設実績 歩合	施行日	健康状態	歩合	学 尋卒 国語		尋卒 算術		高卒 国語		高卒 算術	
庄村	甲			68	98.55	14	100.00	7	5.00	54	98.18	52	96.36
	乙			1	1.45			5	3.57	1	1.82	2	3.64
	丙							2	1.43			1	1.82
	計		10年1月20日	69		14		14		55		55	
河南村	甲			36	11.02	33	70.21	15	31.91	12	100.00	7	58.33
	乙			22	37.29	14	29.79	15	31.91			5	41.67
	丙			1	1.69			17	36.18				
	計		10年1月21日	59		47		47		12		12	
南郷村	甲			67	91.78	29	78.38	22	59.46	37	92.50	29	72.50
	乙			6	8.22	3	8.11	8	21.62	3	7.50	8	20.00
	丙					5	13.51	7	18.92			3	7.50
	計		10年1月24日	73		37		37		40		40	
三木村	甲			54	83.08	15	88.24	10	58.82	48	100.00	38	79.17
	乙			11	16.92	2	11.76	2	11.76			5	10.42
	丙							5	29.41			5	10.42
	計		10年1月25日	65		17		17		48		48	
福田村	甲			27	69.23	13	68.42	3	15.79	20	100.00	16	80.00
	乙			10	25.64	4	21.05	8	42.11			4	20.00
	丙			2	5.13	2	10.52	8	42.11				
	計		10年1月26日	39		19		19		20		20	
塩屋村	甲			52	72.22	29	58.00	16	52.00	22	100.00	18	81.81
	乙			20	27.77	15	30.00	18	36.00			4	18.19
	丙					6	12.00	6	12.00				
	計		10年1月27日	72		50		50		22		22	
山中町	甲			12	25.53	21	91.30	19	82.61	23	95.83	19	79.17
	乙			28	59.57	2	8.70	3	13.04	1	4.17	4	16.67
	丙			7	14.89			1	4.35			1	4.17
	計		10年2月1日	47		23		23		24		24	
山代町	甲			34	60.72	8	53.33	5	33.30	34	82.82	30	73.17
	乙			22	39.68	5	33.30	6	40.00	7	17.17	8	19.51
	丙					2	13.30	4	26.66			3	7.32
	計		10年4月15日	56		15		15		41		41	
塩津村	甲	体育・講演会・視察・社会奉仕	10年4月16日	55	87.30	14	93.68	9	47.37	44	100.00	31	70.45
	乙			8	12.70	3	1.57	5	26.32			13	29.55
	丙					2	1.05	5	26.32				
	計			63				19		44		44	
大聖寺町	甲			17	62.96	2	22.22	3	33.33	16	88.89	15	83.33
	乙			10	37.04	7	77.78	2	22.22	2	11.11	3	16.67
	丙							4	44.45				
	計		10年6月15日	27		9		9		18		18	

青年団検閲をその先駆としていたことを知ることができる。

山本瀧之助が徴兵検査の際に行われる学力試験の壮丁教育調査を補習教育の発展策として青年団と結びつけて考えたのは、文部省が壮丁教育調査を毎年全国的に行うようになった明治三十八年（一九〇五）二月と同年の十月であった。青年団員の上限年齢を二十歳と規定して、陸軍の田中義一の強い影響によって青年団の軍人教育予備機関化を図った大正四年（一九一五）の内務・文部両省共同訓令が出されると、瀧之助は、壮丁教育調査をヒントに青年団の「教育点呼（検閲）」を提案したのである。この教育点呼は、陸海軍の簡閲点呼の形式をまねて、教育勅語・軍人勅諭・憲法大意・町村制要旨・青年団則・修身・国語・地理・歴史・理化・軍事・算術・産業・その他社会の主なる出来事について、年一回試問するというものであった。沼隈郡の第一回の教育点呼は、大正五年二月に、帝国在郷軍人会沼隈郡連合分会主催の軍事講話会と併せて開催された。第一回および第二回の教育点呼の問題は、

第一回

第一種（即答）　1、市制及町村制公布の年月日　2、憲法御発布の年月日　3、未成年者喫煙禁止法　4、地方増進の方法　5、閲読希望の書籍

第二種（期限を付し筆答）　1、精神修養につき平素の心懸け如何　2、町村青年会に最も適切なる事業三項を挙げ且つ之を説明せよ　3、各自の町村又は部落に於て弊風と認むべきは何か、及び其の矯正方法如何

第二回

第一種　1、幾多修身の格言中其の最も深く記憶に存せるは何なりや　2、郡青年会規程の体格表彰の概要を問ふ　3、町村青年団則の一ヶ条を挙げて見よ　4、欧州戦争の対戦たる具体的事実如何　5、最近に於て読書より得来れる智識の主なるものは何か、及閲読希望の書籍又は雑誌

第二種　1、青年団員の修養上先つ第一に手を着くべき事項は何か　2、学校卒業後其の最も不足を感ぜる知識は何か　3、金一円の有効使用方法

この出題を見ると、町村公民としての知識を問う問題であり、青年団における補習教育による公民教育の成果を図ることに、つまり「良民」の養成にその目的があったことがわかる。

先にあげた石川県江沼郡の青年団検閲の口頭試問の問題が、青年の思想傾向を問う出題が多かったこととくらべ、沼隈郡の問題に違いのあったことには注意を要するだろう。

五　青年団検閲と壮丁教育調査

石川県の青年団検閲は、山本瀧之助の発案により広島県沼隈郡で実施された教育点呼をその範としていた。次に大正八年に石川県が青年団検閲を施行する事情について検討しておく。

石川県において青年団検閲が施行される前年の大正七年の石川県通常県会において、県会議員篠原譲吉

は青年団指導について質問した。その質問の要旨は、青年団指導において「軍事会ヲ無視スルコトハ出来ナイ」とし、「金沢市ニ於キマシテ各軍人会ハ青年団体ノ希望ニ依リマシテ種々指導ヲ与ヘテ居ル」例をあげ、簡閲点呼に知事の出席を求め、田中義一陸軍参謀次長が全国青年団体大会の席上、議長席において訓示を行ったことが、青年団と軍事会の関係を現すものであると述べている。

篠原議員の質問に対して、土岐嘉平知事はその答弁の中で、「其ノ他在郷軍人分会ヲ開クニ当リマシテモ成ルベク青年会ト共ニ開クヤウニ地方ト軍隊トノ関係ヲ親密ニスルヤウニ労メテ居リマス」と答えている。全国青年団連合大会の田中義一中将の役割、また大正四年（一九一五）の文部・内部両省の青年団員の年齢を二十歳までとした共同訓令に見られる青年団の軍事教育予備機関化の動きを、石川県は積極的に推進していく姿勢が大正七年の県会での質疑から読み取れる。

したがって、大正八年（一九一九）から開始された石川県の青年団検閲も、こうした青年団の軍事教育機関化という方向の中で実施されたものと考えられる。また、そのことは、青年団検閲の仕方と徴兵検査に際して行われた壮丁教育調査の実施方法・試験問題をくらべてみても、両者の関係性を知ることができる。大正八年度の石川県の壮丁教育調査は、読算零・稍読算得・尋常小学校未卒業・尋常小学校卒業・高等小学校卒業・中学校卒業に分け、読方・書方・算術の筆答試験を行っている。青年団検閲は尋常卒程度と高小程度の二区分であり、問題を見ると、算術の問題はほぼ同じであるが、読方・書方は、青年団検閲の問題の方が熟語単独の読み書きが中心であったのに対し、壮丁教育試験の方は文章を提出してその中に出てくる漢字の読み書きを答えさせるようになっているなどの違いがある。また常識問題は、参考に能美郡の尋小卒と高小卒のみ左記に揚げておくが、これを見ると、青年団検閲とほぼ同様で、青年団についての問題もある。

能美郡

尋小卒、各自ノ家ノ納税ニ就イテ、自己ノ職業ニ就テ、平素購読セル新聞雑誌ニ就テ、町村ノ産業ニ就テ、町村内ノ社寺奮跡ニ就テ、青年団ノ趣旨、我国体ノ尊厳ナル理由、教育勅語ニ就テ、戊申詔書ニ就テ、三種ノ神器ニ就テ、靖国神社ニ就テ、総理大臣ノ氏名、第九師団長ノ氏名、紀元節ニ就テ、天長節ニ就テ、書留郵便ニ就テ

高小卒、食物消化ノ順序、比重ニ就テ、国道県道ニ就テ、県内ノ都市名、県内郡役所々在地、本県五学校名、県下主要産物、郡内町村、崇拝人物ニ就テ、忠孝一本ニ就テ、青年団ノ向上発展ニ就テ、議員選挙ニ就テ、神社ノ種別ニ就テ、陸軍ノ兵種ニ就テ、軍艦ノ種別ニ就テ、我国ノ輸出入品ノ主要ナルモノニ就テ

試験問題から見ると、青年団検閲は壮丁教育調査に準じて行われ、それよりも少し簡略化したものであったといえる。大正八年度の石川県壮丁教育調査成績等取調書の第九章には、「壮丁検査ハ一面ニ於テ青年団正団員ノ卒業試験トモ見ルヘキモノ」とある。ならば青年団検閲は、学年末の試験ともいえるのではないだろうか。毎年実施される青年団検閲は、学校教育終了後、徴兵検査までの間の補習教育の教育評価

の手段であったとも言えよう。

　石川県江沼郡の青年団検閲は山本瀧之助の影響を受け、青年団の軍事教育機関化の流れの中で、学校教育と徴兵検査の際の壮丁教育試験の間を教育上連続させる目的をもっていた。

　しかし、大正八年に第一回が実施された石川県の青年団検閲は、大正十二年（一九二三）十一月に実施された青年団検閲（第四回か）のときには、その検査内容に変化が現われる。図5に示した大正十二年十一月十四日の江沼郡東谷口村青年団検閲成績表と、同じ東谷口村の大正九年十二月十四日施行の青年団検閲成績表（図4）とを比較してみると、図4の「学術」欄が、図5ではなくなって「常識諮問」になっていることに気づく。さらに「備考」欄に注目すると、図4の学術欄の備考には、甲乙丙の成績評価の基準が示されているにすぎないが、図5では、常識諮問の「問題」「成績概評」ともに、いずれも未記入となっている。

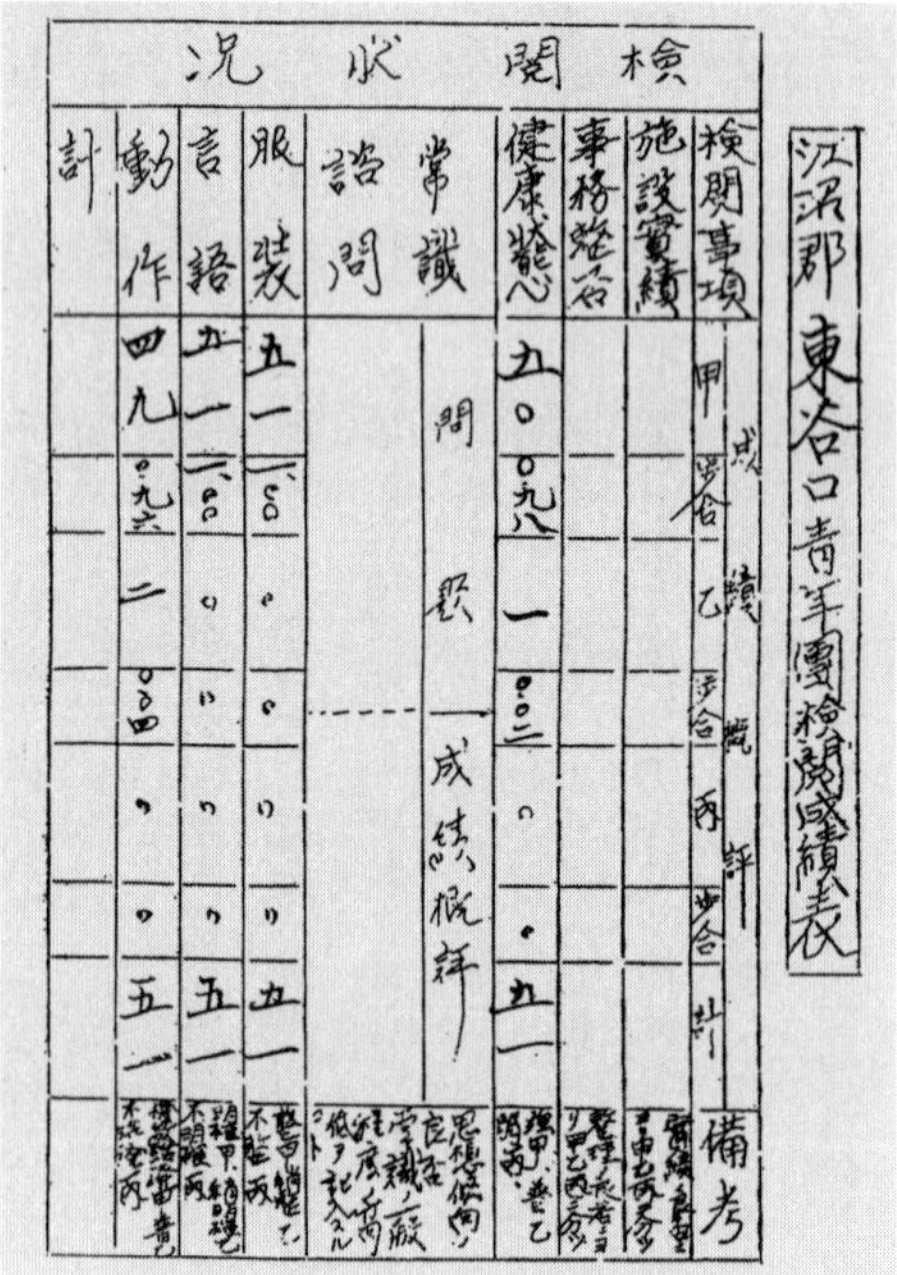

図5　東谷口村青年団検閲成績表
（大正12年11月14日施行）

　図4から図5の変化は、壮丁教育調査をモデルとした青年団検閲の学術試験がなくなり、口頭試問の常

識諮問だけとなり、それも「思想問題」が青年に浸透することを予防する監視装置化していったことを示していよう。

石川県における青年団検閲が、大正十二年以後どのようになっていったのか、その後の展開についての史料を見出せないのでわからないが、その範とした広島県沼隈郡の青年団検閲は、『沼隈郡誌』が編纂された大正十二年には、「現今廃止せらる」という状況になっていた。『沼隈郡誌』には第一回と第二回の問題が掲載されているが、まもなく廃止となったのであろう。

沼隈郡そして石川県の壮丁教育調査をまねた青年団検閲は、大正五年から十二年までの間の特異的な存在ともいえるのではないだろうか。たとえば、その後、昭和七年（一九三二）三月五日に秋吉台で行われた山口県青年団の青年団検閲は、天保十三年（一八四二）四月一日に、村田清風によって福栄村羽賀台において、わが国はじめての洋式大閲兵が行われたことの故事にならって計画されたもので、その内容はまったくの軍事演習であった。昭和期に入ると、各地で軍人による青年団視閲が行われるが、この山口県の青年団検閲は、内容的には大正期の青年団「検閲」とは異なり、軍事演習の「視閲」であった。石川県江沼郡の例で検討したように、補習教育的要素をもっていた青年団検閲は、しだいに補習教育的側面を失っていき、やがて山口県のように青年団の軍事演習の視閲にその意味を移していったと考えられるのである。

六　「中堅青年」の登場

前記したように、山本瀧之助が明治二十九年（一八九六）に自費出版した『田舎青年』において、学生―田舎青年、中老―青年、都会―田舎を対置して、田舎青年を欧米列強の仲間入りした大日本帝国の「中堅」と位置づけた。また、国家の中堅となるべき田舎青年を若連中の堕落した世界からどのように救済するか、という論の延長線上に田舎青年会の連合を構想し、これが大日本連合青年団の結成につながった。

大正三年（一九一四）は青年団の歴史を考えるとき、ひとつの重要な年であった。それは、大日本連合青年団が大正後期から昭和十四年（一九三九）に大日本青年団に変わるまでの青年団に、強い影響をもった指導者が互いに結びついた年だったからである。その指導者の一人である蓮沼門三が刊行する東京府師範学校（現東京学芸大学）の学生サークルから発足した修養団の機関雑誌『向上』大正三年十一月号には、専修学校（現専修大学）出身で山梨県北巨摩郡篠尾村で村治改革を行い理想郷の建設を目指していた小尾晴敏、前静岡県安倍郡長で青年指導に熱心であった田沢義鋪、伊豆の伊東で京都帝大卒業後、進んで小作百姓の生活に入り「一事慣行」により理想生活を具体化しようとしていた山下信義、東京高等師範卒業後、長崎高等女学校在任中の明治四十四年に修養団長崎支部を設立し、転任先の香川県女子師範においても香川県師範の小原国芳（玉川学園創設者）と協力して修養団支部をつくり、大正七年に東京に出て修養団幹

日本青年館（ロスアンゼルス・オリンピック水泳チームのサインがある）

事となった後、女子教育のために希望社を創設した後藤静香、それに、鉄道青年会の講演旅行を東北北陸に行っていた途上、福井から敦賀の車中で蓮沼門三に手紙を宛てた山本瀧之助などが誌面上で一堂に会している。

田沢義鋪は、東京帝国大学学生時代のボート部での共同生活、仏教の受戒や摂心などを思い合わせて、「中堅青年」とともにお寺でも借りて共同生活をしてみたいと考えていた。大正三年三月十五日からの一週間、静岡県安倍郡千代田村の日蓮宗蓮永寺において「修養講習団」を開いた。修養講習団は、安倍郡連合青年会が将来郡下町村の「中堅」となるべき志操堅実な十八、九歳から二十五、六歳の青年を一町村一〜二名ずつ集めて行われた。

安倍郡の第二回修養講習団は、大正三年八月八日から二泊三日の日程で、不二見村駒越海岸で開催された。

講義は万象寺で行われたが、夜はワンダーフォーゲルを参考にした天幕を宿舎とした。この天幕宿泊が、翌年福島県で開かれた修養団主催の講習会の天幕講習に受け継がれた。

大正四年（一九一五）八月十日から一週間、福島県磐梯山麓の桧原湖畔で修養団主催「師範並農林学校生徒講習会（別称、青年指導者講習会）」が開催された。講習会の特色は、天幕を設営して講師と講習生八名を一組に収容して一つの「家」とし、別棟のバラックに役場・工場・学校・病院・郵便局・産業組合などを設けて、「向上村」という村を仮に設営したことにあった。各「家」には家憲、「向上村」には条例を定め、受講者の選挙によって村会が開かれ、村長・収入役が選出された。

大正五年に実業補習学校の教科書として刊行された山本瀧之助の『町村自治要義』では、学校が知識

福井県阪谷村青年会南六呂師部会の青年文庫

の授受に適する縦の官治組織であるのに対して、青年団体は意志の陶冶に適する横の自治組織であると規定されている。青年団体は青年学校ではなく青年町村であり、公民教育機関として有力なものである。したがって、その中に実業補習の教育機関を備えるように努力すべきであり、ここにおいて団体の完成と個人の完成を見ることができると述べている。

青年団という容器ができたら、青年個人の充実を図ることが切要となった。そこにおいて公民としての青年個人の「修養」が必要とされたのである。修養団の師範並農林学校生徒講習会は、大正六年八月に群馬県赤城山麓大沼湖畔で開かれた第三回の講習会から、「全国中堅青年講習会」と改称された。この講習会で用いられた「中堅青年」は、瀧之助が国家の中堅とした田舎青年ではなく、別称にあるように青年指導者を意味するようになった。修養団は、青年団幹部青年つまり中堅青年養成の機関と瀧之助が認めるほどに大きな影響を青年団員に与えた。

第四章　移民地の青年

一　ハワイ（布哇）の青年会

ハワイと日本との関係は、一八六〇年（万延元）、遣米使節がホノルルで国王カメカメハ四世に会見し、日本との修好条約希望の徳川将軍宛親書を使節に託したことから国交がはじまった。ハワイ政府は日本駐在総領事として米国横浜総領事館書記ヴァン・リードを任命し、一八六八年（慶応四）に日本移民一五三人をホノルルに送ったことから、日本人移民の歴史がはじまる。一八八五年、官約移民第一船東京丸が着き、日本総領事館が置かれ、翌年には日布移民渡航条約が締結された。一八九三年のハワイ革命によって王朝が倒れると日本人参政権運動が起き、女王退位の日付で日本に対する治外法権撤廃が通告された。一八九四年、官約移民を廃止し、民間会社の移民輸送が開始された。日本政府は、移民の増加に伴い移民保護法を公布した。一八九八年、米国はハワイを合併し、翌年には米国移民法を適用して契約労働移民が禁止された。一九〇八年（明治四十一）、日米紳士協定によって、ハワイへの新規移民渡航禁止となると、呼寄せ移民がはじまった。一九二四年（大正十三）、新排日移民法が実施され、呼寄せ移民も禁止となった。再渡航者・ハワイ出生者・旅行者を除く日本人はハワイ入国を禁止された。

『昭和三年　日布時事布哇年鑑』によれば、ハワイの青年会にはホノルル市一五団体、オアフ島一〇団体、ハワイ島三九団体、マウアイ島一六団体、ラナイ島一団体、カウアイ島一六団体があった。

仏教青年会には、浄土真宗本派本願寺や曹洞宗などがあった。そのうち、もっとも活動的だったのは本派本願寺で、ハワイの本派本願寺の仏教青年会は一九〇〇年に設立された。この時期は、本派本願寺の今村恵猛開教総長が開教師として一八九九年二月二十七日にハワイに渡り、翌一九〇〇年一月にハワイ布教監督となり、ハワイ本願寺教団の基礎を創ったときに当たり、今村開教総長は「ハワイにおける仏教青年会の生みの親」とされる。

本派本願寺仏教青年会の活動は、仏教講座や晨朝礼拝会のほかに夏季学校、児童保護団などがあった。夏季学校は、六月から七月にかけて約一ヵ月間、中等程度の日本語、英語は小学からハイスクールまでが教育され、水泳も教えられた。児童保護団は、学校が夏季休暇中に児童が不良化しないように、五週間、各種運動・ゲーム・水泳などを中心に行っている。

仏教青年会の設立年代は一九〇〇年であったが、一九〇六年のワイアナエ仏教青年会が一番早い。移民地域社会に青年会が設立されるのは、『日布時事布哇年鑑』で見る限り、ワアヒア青年会の一九〇三年がもっとも早く設立されている。ついでワイワケアミール青年会が一九一一年（明治四十四）、一九一二年には、パパラ・カーチスタウン・ババアロアの各地に成立している。

日本人移民の子弟「不良化」問題は、一九三二年（昭和七）の十六、七年前から問題視されたとある。これは大正四、五年、一九一〇年代前半となる。「不良化」が問題となる一九一〇年代は、移民地域の青年会が多く設立された年代に相当する。移民第二世代が青年時代をむかえる時代と一致することと考え合わせてみる必要があるだろう。

一九三二年六月二十日発行の『同胞』三百七十二号には、ハワイに生まれた日系市民の日本国籍離脱者が増加していることを「喜ぶべき現象」と評価している。米国市民としての特権を得ている者がいぜんとして日本国籍を併有していることは国際信義から正しくないし、排日運動への対応、政府機関への採用という点からも、仏教青年会として実費で国籍離脱手続きを取り扱うなど、積極的な取組みを行っている。これは、日本人移民の現地同化への努力であり、「不良化」問題も現地同化への対応と考えられる。

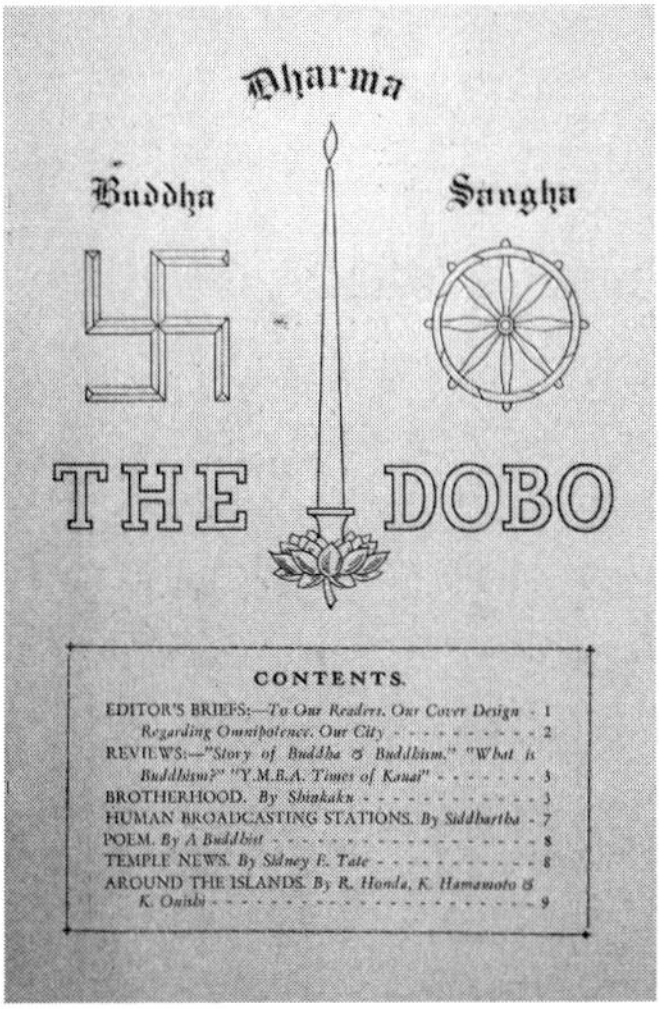
Dharma
Buddha
Sangha
THE DOBO

CONTENTS.

EDITOR'S BRIEFS:—*To Our Readers. Our Cover Design* - 1
Regarding Omnipotence. Our City - 2
REVIEWS:—"*Story of Buddha & Buddhism.*" "*What is Buddhism?*" "*Y.M.B.A. Times of Kauai*" - 3
BROTHERHOOD. *By Shinkaku* - 3
HUMAN BROADCASTING STATIONS. *By Siddhartha* - 7
POEM. *By A Buddhist* - 8
TEMPLE NEWS. *By Sidney E. Tate* - 8
AROUND THE ISLANDS. *By R. Honda, K. Hamamoto & K. Onishi* - 9

ハワイ仏教青年会機関誌『同胞』
（和歌山市立図書館移民資料室）

ひとりの移民青年の軌跡

ハワイ呼寄せ移民と青年会の関係を広島県安佐郡長束村緑井出身の河田登の場合について見てみよう。

河田登は一八九九年に生まれた。父の惣四郎は小農民であったが、登が生まれた二十三歳のときに、出稼ぎ移民としてハワイ国に渡った。一九一二年三月、尋常小学校を卒業すると登は大工の見習いに出たが、翌年五月、預けられた大工の都合で実家へ帰された。六月、緑井青年会館が建設されるとこれを手伝ったりしていたが、緑井の棟梁の下で働くことになった。九月になると、ハワイの父から呼寄せの手紙が来た。登が実際にハワイに渡航するまでには、この後三年近く手続きなどにかかる。この間、登は緑井で大工の見習いをしながら村での生活を続けていた。その生活の中で、在郷軍人会支部長の医師から衛生講話や青年会長の演説を夜学で聞いたり、どんど焼き・氏神祭・伊勢堂祭などの民間信仰行事、お逮夜といった本願寺行事、郡青年武道大会や在郷軍人会と青年会による戦捷記念碑建設などを楽しみ、経験している。その中で、一九一五年（大正四）四月の日記には、オアフ島で起きた砂糖耕地日本人労働者の第一次ストライキとその敗北の新聞記事を記している。

一九一六年四月、登の父から在留証明が来た。渡航準備がはじまると、周囲はどうせ嫁を呼び寄せなくてはならなくなるのだから、と許婚者との縁談も整えられた。九月三十日、登は神戸港からペルシャ丸でハワイに向けて旅立った。

十月十二日、ホノルルに到着。入国審査を経て一ヵ月後の十一月十二日にコナのホナウナウの父に会った。翌一九一七年四月から登はホノルルの日本人ＹＭＣＡに寄宿して、大工手間稼ぎをしながらミッキ教会の夜学で英語を学習した。七月に米国徴兵登録をした。一九一九年四月の登の日記には、キリスト教への改宗者が少なくなって仏教勢力が拡大していることと、キリスト教日本人宣教師が白人資本家から資金を得て、懐柔策の一端を担っているのではないかという疑いを記している。

登が教会や日本人ＹＭＣＡと宣教師に関わりながら懐疑の目を向けていた背景には、日本人労働者の置かれた立場が影響していると考えられる。日記の記事の翌年二月には、ハワイ全島各砂糖耕地日本人労働者が低賃金労働に対して六ヵ月間のストライキ体制に入った。このストライキの前の同年一月七日、マキキ青年会の松島某との談話で、宗教にまったく関係ない独立した青年会ができたら、青年が何の抑圧も受けずに伸び伸びした青年らしい青年に育つだろう、と語り合っている。

この記事の前後、青年会の記事が日記に散見されるようになる。二月二十八日、マキキ青年会発会式が八〇名の参加者を得て日本語学校において行われ、呼寄せ青年と二世とが半々に参加した。四月七日、アラバイ青年団が演芸会を催し、カカアコ青年団は演芸会純益をストライキ中の耕地労働者に寄付した。十月、カフマス官立学校夜学開始。英語学習が米化の運動の一部として行われた。これは第一次大戦で、英語がわからない青年が多く入営したことによった。十一月二十一日には、マキキ青年会館落成式。一九二一年三月四日に、マキキ青年会第一回演芸会が行われた。

一九二一年（大正十）十一月五日、登は結婚し、二十三年には長男が誕生した。そして、この年、呼寄せが禁止となった。一九二四年、ハワイ在留日本人は一二万人を超え、そのうち四分の一の約三万人が広島県人であった。

二　北米の青年会

北米へ渡った日本人は、幕末から一八八一年（明治十四）ごろまでは学生が中心であった。そのほかに労働を目的にした渡航者があり、その最初は一八六九年にスネールに引率された二度にわたる二〇名内外の金鉱掘りと農園労働の契約移民であった。一八八六年、イギリス人に連れられた七人の移民がカリフォルニア州サンタクルーズ郡に入植して蜜柑の栽培をはじめたが失敗した。農園開拓はなかなか成功しなかったが、一八八四年中国人排斥法によって農園労働者が不足すると、日本人労働者が増加し、一八九〇年には、三〇〇名を超え、九二年にはヴァンカビルに日本人労働組合が組織された。一八九二年を前後してハワイからの転航者が増加し、出稼ぎ目的の人々が急増した。さらに日清戦争後には増加し、一八八〇年一四七名であったものが、一八九〇年に二〇三九名、一九〇〇年には三万四三二六名、さらに一九一〇年には七万二一五四名に激増した。日清戦争後、米国では排日気運が高まり、米国政府は一九〇七年に日本人労働者のハワイからの転航を禁止した。日本政府も渡航を禁止した。日露戦争後、排日運動は高まりを見せ、これに対して一九〇五年五月に各地方日本人協議会は連合協議会を成立させた。連合協議会は一九〇八年一月、在米日本人会に発展的解消し、地方都市においても日本人会が簇生した。第一次大戦を経て、一九二四年（大正十三）、米国新移民法が成立し、日本人は除外項目以外の米国入国ができなくなり、第二世の教養指導に努めた。

①北米の青年会概観

北米の青年会については、在米日本人会編『在米日本人史』（昭和十五年刊、ＰＭＣ出版、一九八四年復刻版）によって概観する。

シアトルでは、一九〇七年（明治四十）十二月に、会員九〇名を数えるシアトル日本人青年倶楽部が組織された。賛助員には北米同胞の二功労者と評価されている松見大八と古屋政次郎の名が見え、シアトル日本人社会の有志が参加したものと考えられる。

サンフランシスコ（桑港）では、一九一三年九月、サンフランシスコの日本人キリスト教徒有志が万国基督教青年会総務ジョン・モットに書簡を送り、本部よりの資金援助を受けて日本人のための青年会館建設を求めた。この願いはすぐには実現しなかったが、長老派と組合両教会は合同し、長老派に属していたヘート青年会は超派的な基督教青年会の設立を目標として解散した。しかし、新組織の結成はすぐにできず、青年会がない状態が続いたが、一九一八年になり、六月一日に桑港日本人基督教青年団が成立した。一九三五年（昭和十）には、新しい青年会館が建設された。二階建ての会館には、ジム・講堂・教室・図書室などがあり、聖書研究などの宗教活動、夜間英語学校、職業紹介所、各種運動競技などの活動が行われた。

桑港（サンフランシスコ）女子青年会は、在米日本人社会でもっとも古い歴史を有する。創立は一九一二年四月十七日で、帝国ホテル跡に会館を定めた。修養・社交・工芸・教育・音楽・寄宿の六部の活動のほかに、女子倶楽部活動を活発に行い、一九一六年以降、写真結婚が激増すると新渡米夫人の止宿所となり、青年会の保護保証によって移民局に上陸を許可されることもきわめて多かった。

桑港仏教青年会は、在米日本人の約二万人にはキリスト教しか布教がなく、仏教布教の機会を求める在米日本人の働きかけによって本派本願寺がアメリカ布教の起点として桑港を位置づけたことに呼応して、とりあえず仏教青年会の創立発会式が一八九八年七月三十日に行われた。桑港仏教青年会は本山に対して布教使派遣方請願書を提出した。降誕会、英和学校開設、本願寺出張所開設、サクラメント方面への地方遊説などの活動を行っている。仏教青年会は、サンフランシスコからサクラメント、フレスノ、シアトル、オークランドなどに相次いで設立され、それが仏教会の前身となったことに特色がある。

各地に成立した仏教青年会は、一九二六年四月二十六日に北米仏教青年連盟を結成した。一方、シアトルを中心とする西北部の青年会は一九三三年、ソルトレークを中心とする山中部は一九三四年に、それぞれ西北部連盟、山中部連盟を組織し、全米には三つの仏教青年会連盟ができた。一九三七年にサクラメントで開かれた全米の仏教青年大会において、全米仏教青年連盟が結成された。

女子仏教青年会も、男子に並行して中加・北加・南加・沿岸の四連盟に別れていたが、一九二七年に全米女子仏教青年会が結成された。さらに、一九四〇年に男女が合流し、全米男女仏教青年連盟と改称され、二世団体中最大の団体として五〇〇〇人の会員を擁した。

シカゴでは、グルブラント街に一九〇七年（明治四十）に（基督教）日本人青年会が創立されていた。一九二二年（大正十一）頃には、一時アメリカ青年会の支部となっていたが、一九二九年（昭和四）に独立した。

ニューヨーク（紐育）では、一九〇八年に紐育青年会が創立されている。この紐育日本人青年会は、宗教的な色彩を加味せず在留日本人青年の親睦を維持し、智識の交換、品性の向上を図ることを目的に、会長は置かず「会館」を設け、止宿会員が自炊した。基督教青年会は、一八九三年に紐育に来た武市（ブルックリン）海軍鎮守府所管米国軍艦ヴァモントに多数乗り組んでいた日本人学生に対して布教した岡島欣也の活動が、武市青年会の前身となった。

②帰米二世の青年会

アメリカ全体の青年会について地域的に概観したが、地域的ではなく日本人社会特有の問題から結成された青年会について触れる。それは、幼児に日本に帰って生育し、再び米国に帰った日系市民である「帰米市民」の青年会である。二世が著しく帰米するようになったのは、一九三〇年頃からで、とくに三五年に在米日本人会が旅費支給や帰米後の就職保証など積極的な帰米運動を展開したことによる。帰米二世の特色として、在米の両親と離れて多くは祖父母によって生育されたことによる両親との不愛情、また単身帰米して身寄りがないために孤独感などによって、相互に慰め合って団結を強めていったことがある。シアトルの帰米市民協会は一九三二年に組織された。しかし、すでに米国育ちの二世によって組織される市民協会との対立が起こった。一九三五年にロスアンゼルスでは、羅府（ロスアンゼルス）日系市民協会に帰米部ができて合流がなると、各地に波及した。サンフランシスコでは、帰米市民協会団体として満州・上海事変を契機に組織された国家主義的な色彩の強い一九三二年創立の大日本青年会、呼寄せ青年・留学生らによって組織された学生倶楽部、一九三四年創立の美以（メソジスト）教会青年会があった。美以教会青年会は、帰米青年といえども永住する以上、米国主義に立脚した米化運動に日本精神を融合しなければならないという立場を主張した。その結果、サンフランシスコ日系人社会の世論も市民協会への合流運動を支持し、一九三六年八月、大日本青年会と学生倶楽部は市民協会に発展的に解消して、市民協会に合流した。

帰米二世の市民協会への合流の一方、県人会や市民協会内部に帰米二世の青年会が設立された。ロスアンゼルスでは、帰米二世については広島県人青年会・沖縄県青年会・美以教会青年部・西本願寺帰米部・高野山別院帰米部、二世と帰米の混合は福岡県人青年部・和歌山県人青年部・熊本県人青年部・山口県人青年部・天理教内青年部・禅宗寺青年会・ユニオン基督教会青年部・ＹＭＣＡ内青年部・生長の家青年部があった。

北カリフォルニアのサンフランシスコでは桑港仏教会黎明会・リオームド教会青年会・若草会・親友会・和歌山県人青年会・神奈川県人青年部・福岡県人青年部・ＹＭＣＡ青年部・ＹＰＣＣ日本語部桑港部会・禅宗仏教青年会、ロスアンゼルスでは青年協会・王府日米協会内帰米会員・独立協会内青年部・パロアルト帰米青年会・サンマテオ市協内帰米会員・フレスノ帰米市民倶楽部。西北部は、シアトル帰米市民協会などがあげられる。

帰米市民青年会の活動には、以下のような内容があった。

羅府（ロスアンゼルス）市協帰米支部……「二世週」への参加・二世会館設立運動・青年連盟設立運動・排日諸法案反対運動・英語クラスの設置・婦人連盟との提携の下に結婚相談所設立・「市民の友」発行・敬老歌の発表大会・登録奨励立候補者の紹介などの政治運動。

紗港（シアトル）帰米市民協会……移民局収容帰米市民の世話・帰米演劇大会主催・ピクニック。

桑港（サンフランシスコ）市協帰米部……市協建設活動・大ピクニック主催・登録奨励運動・「帰米市民」の発行・日米通商条約破棄に関する座談会・帰米集会場設置運動・帰米連絡協議会設定運動・金門大博日本ディー参加。

サンゲーブル市協帰米部……農業に大きな役割。

桑港広島県人青年会……帰米青年雄弁大会・青年連盟参加・二世男女交歓見学団支持。

須市（ストックトン）市協帰米部……一九四〇年帰米市民大会開催・二世座談会。

基督教青年連盟日本語部……連盟大会参加・基督教会内帰米団結運動。

王府（オークランド）日米協会……雄弁大会主催。

桑港和歌山県人会青年会……和歌山県人会加州連盟結成。

若草会……帰米女子団結・婦人問題研究会。

③南カリフォルニア州の青年会

北米における青年会について考えるとき、一九三〇年代にはカリフォルニア州全体の日本人の四七%を占めた南カリフォルニア州の場合を見ることが適切だろう。

南カリフォルニア州の日本人青年会は、「当時の在留日本人自身がいずれも青年であったため団体の内でも最も古く、色々な団体がまず青年グループとして発足した」という指摘が重要である。

南カリフォルニア州での青年会の動きについて、南加州日本人七十年史刊行会編『南加州日本人七十年史』(一九六〇年刊、南加州日系商業会議所発行)によって追っていく。

南カリフォルニア州で一番早い設立の青年会は、一八八八年(明治三十一)の日本人基督教青年会である。八九年の不況のときに合宿所を設け、これが成長して日本人美以教会となった。基督教とは別に一八九九年には、相互扶助を目的に日本人青年会が、すでにあった羅府日本人会ならびに有終倶楽部に対して設けられた。その後、日蓮教会の前身の日蓮研究会、野球倶楽部、青年楽友会、岡山県人会の前身である岡山青年会、一九一三年(大正二)には日本人基督教女子青年会が組織された。

一九一五年前後から初期移住の人々の事業の土台がようやくできると、郷里に残した子弟の呼寄せが盛んになり、二〇年の呼寄せ禁止まで続いた。一九一〇年から二〇年までの間に、カリフォルニア州日本人人口は四万一〇〇〇余から七万二〇〇〇に増加した。呼寄せ子弟の増加により、一九二〇年ごろから南カ

リフォルニア州各地に日本人青年会の結成が行われた。そこで南加州中央日本人会代表者大会は、
一、女子青年会経費補助請願の件は年百五十弗を補助する。
二、学生会経費補助の件は二百五十弗を補助する。
三、中央日本人会内に青年部を設置する。
四、各地に青年会及び婦人会の設立を奨励し、その発展に精神的援助をなすこと。
を決議した。青年部委員会は、「在米青年規約」を制定した。
一、在米同胞の青年は知識を磨き、徳操を練り、体格を鍛え信念を養い、もって国際的青年として理想的の人格を要請すべし。
二、在米同胞の青年は日米両国伝来の文化を体得融合して世界的新文化の樹立を期すべし。
三、在米同胞の青年は堅忍不撓自任自重して日米の親善と全人類の幸慶に貢献するべし。
この在米青年規約を見ると、在米青年に対して、日本人としてのアイデンティティー醸成と米国への同化融合を求めた内容である。
在米青年規約制定の翌年の一九二二年（大正十二）二月（同書青年会同盟記事から一九二三年の誤りと考えられる）、中央日本人会定期代表者会は、次のような青年指導に関する決議を行った。
青年指導に関する決議
本理事会は青年向上進歩に関する運動の重要性を認め、極力之が後援を為すと同時に一般在留同胞が

深甚なる同情をよせ協力せられんことを切磋す。

中央日本人会青年部委員会は、一九二二年一月に各地青年会の代表者総会を開き、翌一九二三年度の第二回総会で青年部が設置された。

一九二三年四月七日、青年部委員会は青年会運動の中心機関である青年と同盟を積極的に援助することに決定し、

一、本青年本部は南加州日本人青年同盟が第二回総会において声明せる在米青年の向上運動の主旨に賛し其の目的を達成せしむる事を期す。

二、本青年部は南加日本人青年会同盟発行雑誌『在米青年』に対し月額廿弗を補助す。

として、それまで羅府青年会が発行していた雑誌『在米青年』（月刊）を、青年同盟が一〇〇弗で版権を買収して、同年五月から第一号を発行した。

青年同盟は、毎年四月に「青年週」を設け、雄弁会や柔剣道大会など青年および一般の啓発活動を行い、一九二四年からは「南加帝国議会」が『在米青年』社主催で開催された。「青年会同盟の歌」の制定、日本観光団派遣などを行った。しかし、在米青年が年齢を重ねて事業と家庭の人になるにつれて青年会運動も凋落に向い、日系市民協会に指導的な地位を譲った。『在米青年』は一九二五年から『日本家庭の友』、さらに『太平洋』と改題され、アリゾナまで広まり、毎月二五〇〇部発行されたが、一九三一年（昭和六）に大恐慌の影響で廃刊となり、青年同盟も終息した。

南カリフォルニア州の青年会運動は、一九三〇年代になると、呼寄せ青年時代から日系第二世時代に移り、青年団体は運動（スポーツ）・同窓会・宗教・県人会に大別されるようになった。とくに県人会青年部は三〇年代後半に帰米二世の増加によって急に活発化された感があるとされた。日系市民協会も各地に結成され、日米開戦によって一時阻まれたが、日系二世の育成に大きな役割を果たした。

④在米沖縄県青年会

県人会青年会の典型的な例として沖縄県青年会の場合について見る。

沖縄青年会は、一九二一年（大正十）につくられた「れいめい会」と「在米沖縄青年会」があったが、れいめい会は二五年頃には社会問題研究会へ発展的に解消し、県人会は一九二五年に解散した。県人会解散後、沖縄海外移住協会南加支部が結成され、在米沖縄県人会の会長であった新垣武久に対して、協会は青年会にも合同を呼びかけたが、新垣はこれを拒絶して帰国したため、青年会も自然解消した。

沖縄県青年会がなくなってしまった状態のなか、一九二六年になるとロスアンゼルスの沖縄青年たちが中心になり、再び在米沖縄青年会が結成された。青年会の目的は、会員相互の親睦、体育・知育、生活の向上で、活動としては野球、沖縄新聞の購読、会報の発行、ピクニック、演説会などであったが、とくに米国共産党大会に際して、青年会会員が検束されたロングビーチ事件などに現れた「好ましからぬ移民」の本国送還の動きへの支援対応などがあった。

創立当初、会員は二十六歳前後が多かったが、しだいに年齢に制限がなくなり、青年期を過ぎた人たちが入会するようになった。一九三四年（昭和九）八月二十六日の定期総会で、会員には青年期を過ぎた者もあるので青年会はふさわしくない、非会員が年齢のうえで青年ではないので入会できない、大人子供を抱擁できる団体に発展させる、という理由で「在米沖縄青年会」を「在米沖縄県人会」と改称する動議を提出した。改称の件は一九三〇年九月の幹部会ではじめて提案され、四年間かけて討議した結果であり、総会は満場一致で改称を決定した。

三　南米の青年会

①ペルー（秘露）の青年会

第一船佐倉丸が七九〇名の移民を乗せて一八九九年（明治三十二）にペルーについて以来、第二船一九〇三年一〇七九名、第三船一九〇六年七七四名が着き、一九〇九年には領事館が設けられた。一九〇七年、笠戸丸で第四回移民四五二名（うち第一回明治移民会社移民二五〇名）が着いた。この年、明治移民会社は、インカ・ゴム会社との間に五年間に日本人移民五〇〇〇人を入れる契約を結んだ。

ペルーにおける日本人移民が増加するに伴って、日本人団体設立の動きが出てきた。一九〇六年に、「リマ日本人理髪組合」がリマ一九軒の理髪業者によって結成された。リマ市における日本人最初の理髪業者は一九〇四年の愛媛県人であったが、三年後には二五軒に急増した。これに対してペルー人理髪業者は七一軒であったものが四〇軒に急減したため、排日感情の惹起に配慮したことが組合設立の大きな動機であった。理髪組合は当時唯一の日本人団体として、在留邦人のための西語（スペイン語）習得夜学校を設立するなど、社会的文化的活動も行った。

理髪組合に続いて結成された日本人団体は「沖縄青年同志会」で、一九〇九年（明治四十二）七月三十日のペルー独立祭に設立された。沖縄県人がペルーに来航したのは第三船からであったが、耕地に入ってから脱走する者が多く、そのほとんどがマラリアに罹患してリマ市にたどり着き、言語不通の地で命を失う者も出るという悲惨な状態があった。第四回で監督をしていた八木宣貞は、日本人最初の雑貨店を営んでいた。この雑貨店に同県人を引き取って救済活動を行い、在留県人会設立の必要性を痛感していた。八木は友人や領事館に相談して、リマ・カヤオ在住の県人を勧誘してリマ市カメルン・アルト街の赤嶺喫茶店において沖縄青年同志会を結成したのである。沖縄青年同志会は、脱耕病人の世話、頼母子講の運営などの活動を行い、会員は年々増加して「沖縄県人会」に発展し、ペルー在留邦人の六割を占める中枢団体となった。

一九一二年十月二日、在留日本人諸団体の代表が集まる「日本人協会」が設立された。日本人協会は、各県人会・理髪組合・青年同士会、その他大小の商社も参加し、いちおう在留邦人の代表機関の体裁を整えた。翌年十一月三十日には邦字新聞『アンデス時報』を創刊した。しかし、日本人協会の中心が官吏や会社・商社員などのいわゆるインテリ層であったため、移民青年との間に確執が起き、青年たちは「日本人同志会」を結成した。一九一四年（大正三）三月十五日には「日本人会」と改称した。会長には椎原定一、副会長には八木宣貞が就任した。日本人同志会の結成により日本人協会は衰退し、新たな在留邦人全体の代表機関である「ペルー中央日本人会」が一九一七年に創立されると、吸収されて自然消滅した。

一九二九年（昭和四）五月、中央日本人会を母体に、在秘露日本人青年団が結成された。

②ブラジル（伯剌西爾）の青年会

ブラジルにおける青年会については、一九三三年版の『伯剌西爾年鑑』（伯剌西爾時報社発行）によってその大概を知ることができる。同書によれば、一四〇団体の青年会があった。各種邦人団体全体で見ると、日本人会二三三団体、婦人会一二団体（うち処女会八団体）、その他五三団体であり、青年会は邦人団体の約三四％を占めている。

ブラジルの日本人移民地における青年会の設立状況を、サンパウロ州ノロエステ鉄道線のリンス駅について見る。リンス駅に日本人が入植したのは一九〇八年の第一回移民九家族、一九一〇年の第二回一八家族、続いて第三回移民が入植したのが開発の初期であった。一九二六年、「汎リンス青年会」が創立された。汎リンス青年会は事業として郡内の二〇〇〇家族の日本人の郵便物の取扱い、パウル領事館指定の書式や届一般の取扱い、農事講習会と品評会を行った。また、汎ノロエステ日本人連合運動会を主唱開催し、雄弁会開催、機関誌『共鳴』の発刊（一九二六年）、図書館設置などの活動を行った。こうした公益的な事業をはじめたのは、汎リンス青年会が植民地ではじめてであったとされる。

元サンパウロ州であったパラス州処女林地帯のトレスパラスに入植がはじまったのは、一九二八年であった。北パラナの日本植民は、一九二六年（昭和元）に野村財閥の野村農場、二八年には慶応義塾学生たちで組織された後宮農場が建設されたが、いまだ開発の歩みは遅かった。トレスパラスの開発が着手されたのは一九三二年で、海外移住協会連合会の方針が転換され、土地分譲から移住民の独立助成と福利の増進、産業の開発、教育衛生設備整備、ブラジル文化への貢献を目的とするようになったことが背景にあった。財閥資本から独立小農民が開発の中心となった。移住地では科学的な農家経営のために、三三年にトレスパラス農会が結成された。

一九三四年、移住地事務所はブラジル拓殖本部の意向を受けて、「ガット運動」を展開した。ガット運動は簡単にいえば「愛土永住」の運動であり、その担い手として青年層が期待された。

トレスパラス青年団は、一九三五年三月三日に誕生した。その事業には、文芸部が機関誌の発行、運動部が陸上競技会開催、その他母国東北地方飢饉への義捐金送付、移住地内郵便物の取扱いなどがあった。一九三七年トレスパラス青年団は、市街地およびセボロン青年団の加盟を得、七支部加盟の下に各支部を自治制として独立を尊重し、連合体制を採り、トレスパラス青年連盟が成立した。青年連盟は郵便物取扱い、図書部、機関誌発行、陸上競技部、野球部の活動を行い、中央グランド、カンポ市街地を勤労奉仕で建設した。その後、青年連盟はコチア中堅青年講習会への講習生派遣、トラコーマ治療講習会、機関誌『緒土』の発行、邦語夜学、読書奨励、衛生事業協力などを行った。一九四〇年になると、欧州戦争から世界大戦へ移行する情勢下で、青年連盟は準産業的な青年連盟へ改組し、従来の活動に加えて増産や農家簿記などの経済関係、雑誌『青年』および『家の光』『産業のブラジル』の普及宣伝や読書会指導、冠婚葬祭経費節約運動への協力などの生活改善活動を行った。しかし、日本の対米宣戦布告によって世情が悪化したために青年連盟は活動を休止した。

第二次大戦後、トレスパラス青年連盟は一九四六年に復活した。また、一九五四年（昭和二十九）にはトレスパラス連合女子青年団が結成された。

③パラグアイの青年会

パラグアイで青年団が最初に結成されたのは、入植二年目の一九三七年であった。青年会館の建設・スペイン語学習会・公益奉仕・スポーツ競技・演劇など多種多様な活動を行った。しかし、一九四三年第二次大戦により、他の団体や日本語学校とともに、パラグアイ政府から活動停止を命じられ、解散せざるを得なかった。

以上、ハワイおよび北米、ペルーおよびブラジル・パラグアイを対象に日本人移民社会と「青年会」について検討してきた。ハワイ青年会には、キリスト教青年会および仏教青年会などの宗教青年会と、入植地の地域青年会が成立した。ハワイには見えないが、北米では官吏・留学生・商社員などのインテリ層のニューヨーク青年会があった。

宗教青年会と地域青年会では、宗教的なこだわりがない地域青年会が期待された。ハワイでは一九一〇年代、南カルフォルニアでは一九二〇年代に日本人青年会が多く設立された。その背景には、呼寄せによる帰米二世の増加があり、地位向上のため、排日運動に対する相互扶助、日本人としてのアイデンティティーの醸成とアメリカへの同化融合を目的に活動した。一九二四年の新移民法によって呼寄せができなくなると、二世の県人会青年会ができ、これは県人会へと発展していった。

南米ペルーでは、鉱山などで働く日本人を救済する目的で沖縄県青年会ができ、これが県人会に発展した。インテリ層との確執から青年会の中心的な役割を果たした人々は、ペルー中央日本人会を結成した。

ブラジルでは、一九三〇年代に各入植地に青年会が設立し、入植地の郵便業務を請け負うなど、行政面の仕事をして資金源としていた。

パラグアイでは、入植二年目の一九三七年（昭和十二）に青年団ができた。

移民のほとんどは官吏・学生・商社員、さらに一般の移住者のその多くが若い男子で「青年」であった。ことに一般の移住者は、河田登の例に示したように、日本において青年会（団）の活動に関わっていた。沖縄県北中城村から各地へ移民した人たちの聞書きを見ると、一八九九年生まれの与儀正真は、一九二五年にフィリピンのダバオに出稼ぎに行ったが、それまでは十五歳から二十六歳まで青年団に属して団長を勤めていた。

移民地では、北米・南米でも、青年会が県人会や日本人協会などの日本人中央団体に先行したことが大きな特色である。それは、移民の多くがフロンティアを求めた若い人たちで、もともと日本で青年会または青年団の活動の経験があったため、移民地でも同じような活動をすることが容易であったことが考えられるだろう。

第五章　植民地等における青年

一　日本統治下における台湾の青年会の成立

台湾の青年団については、最近の台湾情勢変化で台湾における「地方史」研究が興隆しつつあり、青年団についても研究関心が出ている。そうした台湾における研究動向の中で、王世慶「皇民化運動前的台湾社会生活改善運動」（『思與言』第二十九巻四期、一九九一年十二月）は社会教化運動史ではあるが、青年団史としても貴重な文献である。王論文では、「生活改善運動」について、同風会時期（大正十四年〈一九二五〉～昭和六年〈一九三一〉）、教化聯合会時期（昭和六年～十一年）部落振興会時期（昭和十一年から十二年）、以後皇民化運動徹底、と区分されている。

ここでは、王論文に肯首しながら、青年団を中心とした時代区分をすることにした。まず、大正三年の吉野村青年会の成立と大正八年からの同化政策の展開と教化団体の成立（大正三年～大正十四年）をひとつの区分とし、総督府に青年団を管掌する社会教育係が設置されて青年団に対する行政が整備され、台湾連合青年団が成立するまで（昭和元年から昭和十三年）、連合青年団成立後、皇民奉公会が設立されて皇民化が急速となり、台湾青少年団設置要項公布後、男子青年団の綜合修練体制がとられ、学徒隊が編成されて青年団統制組織がなくなるまで（昭和十六年～昭和二十年）に区別して考察を進めたい。

台湾の青年団を考える場合、複数民族の存在などの台湾独自の問題のほかに、内地およびその他の占領地、外地青年団の動向といった問題とを合わせて考えなければならない。そこで、ここでは台湾青年団史を内地やその他の地域の青年団の動きと連動させて考えるとともに、異文化社会とのかかわりを検討しておきたい。

『台湾教育沿革史』によれば、日本統治下における地域青年団が台湾で最初にに成立したのは、大正三年五月一日に、日本人入植地の十五歳～二十五歳以下の男子を対象に、本願寺布教師岡本泰道が会長となり設立された花蓮港庁吉野村宮前青年会・清水青年会であった。大正四年一月には、両青年会と草分け青年会が合併して「吉野村青年会」と改称した。同五年には、鹿野村青年会、六年には旭村と豊田村で青年会が設立された。

大正七年には台南市・嘉義市において「少年義勇団」が、大正八年には台南市監埕処女会が成立した。また、移植当初の青年団は日本人のみの組織であったが、大正四年六月、新竹庁長の主唱で公学校卒業生と中国人子弟の教育機関であった書房、その他青年三〇〇〇人を基礎に青年の風紀振粛と国語（日本語）練習目的で青年会が設立され、日本人以外にも青年会組織がつくられはじめた。

大正八年（一九一九）十月、田健次郎総督の任官により、台湾総督が従来の武官から文官へ変更され、同化政策が展開された。同化政策の展開は、青年団の展開にも影響を与えた。大正九年、従来の堡・区・街・庄の地方制度が廃止されて市・街庄制が施行され、地方行政制度が整備された。この地方行政組織の整備に伴い街庄長の内地優良町村の視察が行われ、その結果、台湾で青年団体が増設されたとされている。

地方行政組織の整備のほかに、台湾での青年団体伸張にとって重要な役割を果たしたのが、教化団体である。『台湾教育沿革史』においては、台湾における教化団体の起源を大正九年の桃園郡興風会に求めている。この興風会の規則の第三条によれば、男子部に国語練習会・家事会・青年会、女子部に国語練習会・処女会・主婦会を置いている。また、青年会規定によれば、会員は、公学校卒業生ならびにこれに準ずべき満十五歳から三十歳以下の青年であった。

しかし、前掲の王論文で述べられているように、台湾における教化団体としては、すでに大正三年十一月二十九日、台北庁樹林区長の黄純青が樹林警察官吏派出所巡査岸藤次郎・三角湧支庁木戸彦一の賛同を得て、「樹林同風会」を組織している。これは、大正五年に三角湧支庁連合同風会、大正八年には台北州連合同風会へと発展し、大正十四年六月十七日の台北州訓令第十八号の州連合同風会会則・郡同風会準則・市街庄同風会準則・戸主会準則・主婦会準則・青年会準則及処女会準則等となり、台北州の地方行政組織と一体化された教化組織となった。警察官派出所管内を範囲に、行政組織の最小単位まで結成された同風会の組織は、戸主会（満二十六歳以上の男子）・青年会（満十二歳から二十五歳以下）、主婦会（満二十一歳以上の婦人)・処女会(満十一歳から二十歳以下の女子)からなっていた。

また、台南庁においては、大正十一年十二月二十三日、国語普及施設ならびに青年団・処女会設置に関する標準を定め、小・公学校卒業以上を参加資格とし、青年団の目的を補習教育と国民的修養に置いた。

台中州においては、大正十五年八月二十六日に青年団設置要項を公布し、小・公学校を設置区域に、小公学校卒業から満二十歳までの青年の「修養の機関」と規定した。昭和三年(一九二八)六月には、台中州においてはじめての市郡青年団である東勢郡連合青年団が結成された。

台湾の青年団は、大正三年に日本人植民地から設立され、文官総督による大正九年の地方制度の整備、大正十一年の学校教育の共学化等の同化政策のもとに展開し、大正十二年末には二一六団体、会員一三一二人となった。さらに大正十五年十一月現在の調査では、青年団数三〇六団、団員総数六万五四〇八人(処女会は三四会、八八四〇人。内地人七八人・本島人八四六〇人・高砂族三〇二人)と、急速に発達した。この急速な発達の背景には、総督府の政策とともに、前述した台北州の同風会を典型とする台湾教化団体の役割が重要であったことは、台北州の青年団がすべて同風会の組織であったことからもわかる。

内地青年団は、はじめての青年団に対する訓令である、大正四年の内務省・文部省共同訓令により軍部の圧力によって徴兵検査年齢の満二十歳までとされ、これが、大正九年訓令により満二十五歳となった。また、大正十年に財団法人日本青年館が設立され、大正十四年には大日本連合青年団が結団されるなど、青年団中央組織が整えられ、地方自治体を単位に市町村―郡―県の青年団が系統化された。しかし、台湾では、青年団員の上限年齢も各州でまちまちであり、大正期には全島の青年団が系統化されるまでには至っていない。

二　青年団行政の整備と青年団の系統化

内地では、大正十三年（一九二四）に文部省にはじめて社会教育課が設置された。昭和四年（一九二九）から開始された教化総動員政策により、従来内務省社会局の管掌事項であった青年団に対する施策は、文部省に移行され、文部省には社会教育局が設けられた。

台湾における青年団に対する全島的な行政がはじまるのは、大正十五年に総督府文教局社会課社会教育係が青年団を管掌するようになってからである。その後、昭和三年八月、州・庁・郡・市に社会教育書記が設置され、昭和八年には各州に社会教育主事が置かれた。昭和十年に社会教育官が設けられ、総督府の社会教育行政は整備されていった。

台湾総督府における社会教育と青年団行政組織は、大正末から昭和初期にかけて整えられはじめる。この台湾総督府の社会教育政策導入期に内地の社会教育（教化）指導者が密接な関係をもっており、そのことが図らずも台湾社会教育ならびに青年団政策における大正末から昭和初期の特色を示すことになる。

青年団の幹部団ともいわれ、田沢義鋪をはじめとする多くの青年団指導者が団員であった修養団は、中堅青年講習会によって地方青年団に、また協調会の実施機関として労務者講習会による都市労働者への教化によって、教化団体を代表する存在となっていた。

修養団は、明治四十四年（一九一一）、台中の帝国精糖の社員職工教育に影響をもったが、運動として台湾に修養団が広まったのは、大正十二年十二月に高雄州万丹公学校長の六山定英が総督府学務課に修養団を紹介してからであった。修養団主幹蓮沼門三がはじめて台湾を巡講したのは、大正十四年十一月二十三日から十二月十一日で、淡水海水浴場での台湾全島小公学校長講習会などの講習会を行った。第二回巡講は大正十五年十一月二十三日から十二月下旬まで行われ、東洋精糖などで講習会が開かれ、十二月十八日には、新竹州苗栗郡苑裡と通宵に台湾最初の修養団支部が成立している。昭和三年二月二十二日から三月下旬にかけて、第三回の台湾巡講が東海岸を中心に行われた。このとき、タロコ蕃社とアミ族蕃童教育を視察し、同年五月、タロコ蕃内地観光を実現した。

こうした蓮沼門三の三回の台湾巡講の背景には、修養団機関誌『向上』昭和二年二月号に、台湾教化の目的について、「満州から北支那へ、台湾より南支那へ」という「日支提携」の教化路線があった。五・四運動から燃え上がり五・三〇事件、済南事件とたかまる中国大陸における抗日運動の問題、つまり大陸問題に対処する目的が、修養団による台湾教化にはあったのである。

昭和二年二月二十六日、渋沢栄一主催の修養団後援会に出席した上山満之進台湾総督と蓮沼門三とが接触をもち、翌日総督府東京出張所において蓮沼門三ほかの修養団幹部と総督が会談した。上山総督は以後、修養団の共鳴者となったが、大陸問題の対処法としての台湾教化を『向上』誌上で蓮沼が論じたときと、蓮沼と上山総督との会見の時期が一致し、上山総督が修養団の大陸問題への対処を評価したことが考えられる。

一方、内地青年団指導者の渡台も昭和初期に行われる。昭和四年（一九二九）一月、日本青年館主事の熊谷辰治郎が台湾に行き、馬蓮社等の高砂族の青年集会所を視察し、倶楽部・会館という内地青年団の施設の参考にしている。また、大日本連合青年団理事の田沢義鋪は、同年十二月の総督府社会教育講習会のため、二回目となる台湾の地を踏んだ。

内地青年団指導者にとって、台湾ことに高砂族の青年団体と青年集会所は、その理論構築にとって有益であった。昭和四年三月に制定された、

一、我等ハ純真ナリ、青年ノ友情ト愛郷ノ精神ニヨリテ団結ス

（中略）

四、我等ノ心ハ広シ、人道ノ大義ニ則リ世界ノ平和ト人類ノ共栄ニ努ム

という、友情と道義を掲げた大日本連合青年団の「青年団綱領」の制作にも苦心した田沢が、昭和五年に刊行した主著『青年団の使命』において、内地青年団（若者制度）の起源として、渡台の際に視察した高砂族の青年団体と青年集会所を想定した。それは青年団の本質を「自然に発生し、自然に発達せる団体」と規定し、たとえば軍事教育機関化などの「人為的」な「改造」を排除する理論の基礎となったのである。

教化団体と青年団指導者の台湾の青年団に対する臨み方は違うが、大正末期から昭和初期にかけて、台湾の青年団政策に、内地の指導者の影響があったことはいえよう。こうした動きを得て、昭和五年、総督府は台湾青年団の全島的系統化に着手する。九月十七日、石塚総督は訓令を発し、「青年団体設置標準」を頒布した。この設置標準では、名称を「青年団」と「女子青年団」に、設置区域を小学校および公学校の通学区域、資格年齢を区域内初等教育終了者で満二十歳以下（ただし、当分地方の事情による）とした。総督府の設置標準を受けて各州においても系統化が進み、昭和六年には十一月に台北市で「青年会」を「青年団」と改称した。十二月二十八日には、台北州訓令第二十六号により市街庄教化連合会要項・郡教化連合会要項、第二十七号で青年団要項・郡市連合青年団要項・州連合青年団要項が出され、第二十八号で成人会要項・婦人会要項を頒布して、教化同風会・各級同風会の改組系統化を行った。この訓令により、台北州では、昭和七年四月十六日、台湾におけるはじめての州庁連合青年団である、台北州連合青年団・同連合女子青年団を結団した。

台北州連合青年団・同連合女子青年団機関誌『台北青年』創刊号（昭和８年10月）

　その後、台南州（昭和七年六月）、高雄州（同年十一月）、新竹州（昭和九年十一月）、台中州（昭和十一年十一月）、澎湖庁（昭和十二年十一月）、

台東庁（昭和十三年五月）、花蓮港庁（昭和十三年六月）と州庁連合青年団の結団が進み、昭和十三年六月一日、台北市樺山小学校において台湾連合青年団の結団式が行われ、台湾青年団の系統化は終了した。この日、台湾連合少年団も成立した。

しかし、台湾青年団の趨勢を見ると、昭和三年（一九二八）の青年団員数五万九二四人が昭和八年に二万四五〇四人となり、団数は四五〇団から五七三団へ一二七％に増加しているにもかかわらず半減している。これをどのように読み取るかについては、青年団の実勢が後退したとも考えられるし、または総督府青年団設置標準頒布によって地方の事情を認めながらも、上限年齢を二十歳としたことにより二十歳以上の団員数が減少したことによるとも考えられる。しかし、修養団の団員数も昭和五年二一六一人から十年一一七二人と五四％に、やはり著しく減少している。したがって、青年団員数の減少も修養団の減少と同じ原因が考えられる。

その原因について明確にする史料を持たないが、昭和五年十月二十七日、高砂族の抗日暴動・霧社蜂起事件が起き、石塚総督が昭和六年一月に解任されるという、台湾統治の混乱が関係するものと考えられる。しかし、もともと台湾における青年団の普及が見せかけの数字とは裏腹に、あまりその実態としては浸透していなかったことが霧社蜂起事件が起こるような状況の中で明確となってきたと考えるべきであろう。それは、たとえば田沢義鋪が昭和四年十二月に渡台したときの印象を、台湾青年教育上もっとも注目すべき施設として台中州国民高等学校とともに台北州の青年教習所をあげ、公学校を終ると大多数は国語を忘れ修養を忘れてしまうが、この教習所で公学校の教育が保存せられ継続されてゆくと述べたような、青年教育の組織がうまくいっているかのような印象とはまったく正反対の論説が、霧社蜂起事件前後に見えるからである。

昭和五年に刊行された、山口尚之『青年団統制論』の第二章は、「従来台湾において青年団の成功せざりし理由」と題されている。その論拠は、台湾においては内地における「若者組」に相当する慣習と制度がなかったことを指摘している。また、昭和七年四月に刊行された『新竹州青年団指導論文集』に収載された、竹東郡視学松尾嘉治「青年指導案」の第四章にも「青年団不振の原因」があり、不振の原因として、青年団の前身を有しないこと、指導員が内地の模倣をしている点を指摘している。

山口尚之と松尾嘉治の青年団不振の原因指摘で共通しているのは、台湾には青年団の前身としての「若者組」がない点である。松尾は、台湾東部のアミ族における青年団が本州以上によく発達しているという事実は、まったくこの関係によると述べ、青年団の前身を有する高砂族には青年団が受け入れられたとしている。山口と松尾が、台湾の青年団が不振であると指摘した現実は、青年団の前身を有する日本人と高砂族ではなく、台湾人口の約九割を占める同族社会の本島人つまり中国人社会においてであった。日本人、高砂族、中国人の民俗的原質が問題の根本にあることが指摘されているのである。

次に、松尾の指摘する第二点の問題である、指導者が内地の模倣である点だが、具体的には、修養団式・希望社式（修養団と希望社は姉妹団体）に流れたりしたことも与って力がある、幹部を育てなかった、優良青年団の査定の目標を集合行事の成績にのみ置いたため、としている。修養団および希望社の教育の方法は集合行事中心であった。たとえば、講演、輪読会、国民体操、禊などであった。この点は、昭和十二年（一九三七）二月二十三日から二十五日まで、修養団本部の赤坂繁太が講師となり、日月潭林間学校で行われた台中州青年団指導者打合会で協議された台中州青年団指導要目において、台湾青年団の特異性から公学校卒業生の中堅人物養成、補習教育の加味等が必要、といっていることから逆に類推される。日本人の多い小学校ではなく、多くの本島人が学ぶ公学校の卒業生から中堅人物を養成することを指導方針としたことは、本島人に青年団がまだ十分浸透していなかったことを示していよう。また、補習教育の加味の必要性をいっているのは、松尾の指摘する修養団式に対する反省ともとれる。

台湾の青年団の補習教育においてもっとも期待されたのは、国語教育つまり日本語教育であった。青年団における国語教育は、昭和九年の台中州の場合、公学校卒業と同時に青年団に入団し、入団者の補習教育一ヵ年科目配当は、修身公民科二四時間・産業科三二時間・国語科一六時間・算術科八時間の割合であった。昭和十年四月の「国語学習施設概況」によれば、男女青年団員は三万四二四二人で、全国語学習生徒の六％としている。昭和十一年一月の国語演習会出演人員一一〇人中、青年団員は四六人で四二％であった。国語学習生徒の割合と国語演習会出演の割合に違いのあるのは、やはり国語教育の指導的役割が青年団員に期待されたことによるのだろう。昭和十二年四月十八日に制定された台中州国語普及要項には、不就学児童に対しては部落振興会においてその青年部員たるまでの期間に必ず国語教育を受くる機会を与えること、とされた。昭和十五年度には、国語教育を受けるものが青年団約一〇万、国語講習所約四七万という数字が示されている。

青年団は国語教育の場としてだけではなく、指導的役割も期待された。すなわち、昭和八年六月二十四日の国語講習所設置標準には、「六、職員及其ノ職務、補助教員ハ青年団員其ノ他適当ナルモノニ委嘱スルコト」とあり、昭和六年十二月二十九日の総督府令「台湾ニ於ケル公立ノ特殊施設ニ関スル件」によって、各州が制度を整えた国語教習所の教育の補助的役割を青年団員が負っていた。昭和十一年七月二十二日、総督府地方長官会議は、台湾を「国防の第一線」「南進の拠点」と位置づけ、市街庄の各部落（保単位）に部落振興会を設立した。新高郡では、部落振興会の中心事業に国語普及を上げ、私立国語講習所は、蕃地以外は振興会の経営とし、主に青年団員が講師として指導しているとある。

そのほか、青年団と国語教育の関係では、昭和九年十月に、内台融和と国語教育を目的として、総督府文教局社会課と台湾教育会の招きにより北原白秋が渡台し、「台湾青年の歌」と「台湾少年行進歌」を作詞した。また、台湾教育会は昭和五年より『台湾青年』を発行したが、昭和七年には、国語教習所生徒用『国光』、青年団員用『薫風』、公学校卒業生用『黎明』に発展改称し、この三誌は「国語普及の三大雑誌」とされた。マスメディアを用いたものとしては、ほかに昭和五年から台北放送局で放送された「国語普及の夕」が昭和十一年六月からは、国語普及とともに青年団部落教化の実績が放送内容で重視されるようになった。雑誌・放送といった近代的なマスメディア以外には、唐代に起源を有し、宋代に発達した大衆演劇の国語教育と青年団との関係が注目される。すなわち、国語教育と民衆教化の手段として、昭和十年四月に台湾教育会は青年劇を懸賞公募している。

大正末期から昭和初期にかけて、台湾の青年団は大陸問題との関わりから内地指導者の注目するところとなった。その影響により、社会教育なかんずく青年団行政の整備とともに系統化され、昭和十三年に台湾連合青年団の成立をみた。しかし、昭和五年（一九三〇）に起きた霧社蜂起事件は、台湾における青年団運動の問題点を霧呈することになり、民俗的原質の違い、国語教育を軸とした補習教育の必要性が認識され、そこから国語教育と青年団の関わりが、より強化された。昭和九年（一九三四）三月一日の台湾教化団体連合会の成立、昭和十一年七月の地方長官会議と部落振興会の設立、八月の国民教化運動開始は、昭和十二年から展開される皇民化運動と関わる青年団運動の飛躍の基盤となったのである。

三　皇民化政策と青年団の統制

昭和十二年七月七日、蘆溝橋事件が起き日中戦争がはじまると、田総督以来続いた文官総督の時代は終り、九月二日、武官総督の小林躋造が就任し、「皇民化」「工業化」「南進基地化」という、台湾統治における三大施策方針を示した。この皇民化政策のもとで、青年団は著しい発展を見る。たとえば、花岡初子の証言によれば、霧社では蜂起事件後に青年団が結成された。また、昭和八年の『台湾事情』では、高砂族社会教育において青年団体の成績はもっとも見るものべきあり、と青年団の役割を評価している。霧社蜂起事件に参加したセーダッカ族の生き残りのアウイヘッパハの証言には、収容所の川中島にできた川中島青年団は、昭和十二年の能高郡第一回青年団検閲式において、国語作文は特等、時局の質問一等、運動競技を合わせて総合二番の好成績を得ている。青年団検閲が部落や地方の対抗意識を扇動し、青年団活動を活発にさせていったことがわかる。元来、高砂族は部族の対抗意識が強く、部族間の抗争で首を刈る習慣があったが、蜂起に失敗して他の部族に多くの首を刈られた川中島の青年団が、青年団検閲で優秀な成績を取ったのも、こうした部族間の対抗意識が根底にあるものと考えられる。

伝統的な部族の対抗意識をも利用して青年団を山地の高砂族にまで普及し、皇民化を普及させることに成功したのである。その結果、昭和十三年の台湾連合青年団の結団により、青年団の団員は、昭和十三年二月に比べ、昭和十四年五月には約三・五倍に増加し、七五〇団・二六万九九〇六人に飛躍した。

さて、台湾連合青年団の結団には、台湾の皇民化政策との関係のほかに、これと有機的な関係にある興亜青年運動との関係を考えなければならない。

台湾連合青年団は、昭和十三年六月一日に結団式を行った。その三ヵ月後の九月二十四日、朝鮮連合青年団の発団式が行われ、樺太連合青年団とともに台湾・朝鮮の連合青年団は、同年九月に大日本連合青年団に加わった。また、満州国では、昭和十三年五月、ボーイスカウトなどの既存の青少年組織を整理統制することを目的に、「国民義勇隊奉仕組織及青少年組織大綱案」が出された。その組織は、少年団（満十

大邱青年団機関誌『慶北青年』第17号（昭和７年７月）

樺太連合青年団・同女子連合青年団機関誌『樺太の若人』（昭和11年２月）

歳～十五歳）、青年団（満十六歳～十九歳の男子）、義勇奉仕隊（満二十歳～三十五歳の男子）というものであった。内地青年団が、統制団体としての大日本青年団になるのが昭和十四年、大日本青少年団として青年団・少年団が統合されるのは昭和十六年であり、満州が先行していた。

昭和十三年（一九三八）には、満州を先頭に、内地外地の青年団の統制化の動きが急となり、さらにヒトラー・ユーゲントとの日独交驩が実施され、枢軸同盟国の青年団体の連携も行われたのである。

ここで、外地の青年団の動向について全般的に簡略に触れておきたい。まず、樺太においては大正十四年（一九二五）に全島組織の樺太青年団が設立された。南洋郡島においては、大正十三年にポナペ島民青年団ができた。満州では満州協和会ができると、青年団も統一されて協和青年団ができたが、満州青年連盟の動きにより、昭和八年十月に満州青年同志会が結成され、昭和十三年には国民義勇隊に統制された。朝鮮と台湾は昭和十三年に連合青年団が設立された。昭和十三年には、ビルマのマンダレーでビルマ人青年団の「ガロン義勇団」の設立が伝えられ、昭和十七年にラングーンにおいてビルマ東亜青年連盟が結成された。インドネシアでは、昭和十八年に陸軍軍政地域のジャワ青年団および海軍軍政地域の南ボルネオ・バリ島に、十九年にはセレベス島に青年団がつくられた。

満州以外の中国大陸では、青島では昭和九年十二月に山東在住日本人の青年団が設立され、同時に義勇隊が組織された。この青島青年団は軍特務機関の後援を受けていた。昭和十四年には済南日

満州建国10周年興亜青年交歓会（昭和17年）

本青年団が設立された。このように、日本人在住者による青年団の結成がまず行われ、これには軍が深く関与した。昭和十二年十二月に占領した南京市では、昭和十四年に坊・郷・鎮の地方行政組織の上に乗った南京市青年団が設立された。

昭和十四年四月、系統組織の大日本連合青年団は、統制団体としての大日本青年団に改組された。その大日本青年団の団則第四条、大日本青年団の目的には、「三、東亜盟邦青年団との結盟」が明記された。同年九月には、大日本連合青年団から通算して第十五回の大日本青年団大会が、はじめて外地の朝鮮京城において開催され、内地・外地の青年団の連係が図られた。

昭和十五年三月、王兆銘が南京政府を樹立すると、九月二十二日に華中青年会議が開催され、中支日本青年組織の一体化が図られ、八月には蒙疆の日本人によって、蒙疆青年興亜連盟が設立された。十一月二十一日には、紀元二六〇〇年記念の青年大会が東京で開かれ、その際に東亜青年懇談会が行われ、在外日本人青年運動の連絡機関を大日本青年団本部に設置することが決まった。

大日本青年団は、昭和十六年一月に、青少年団体の統合組織としての大日本青少年団に、中心組織として合流した。昭和十六年七月九・十日に、日本青年館において興亜青少年連絡会議が開催され、華北・蒙疆・華中・華南の各青年団間の連絡提携を強化することが意図された。十二月八日、太平洋戦争が開始された。その翌年には、ヨーロッパで枢軸諸国により欧州青年連盟が結成され、大日本青少年団と連絡をもった。

また、中国では、昭和十八年二月、南京政府により、中国青少年団が結団された。同年十一月の大東亜会議の直後に開催された大東亜青少年指導会議には、大日本青少年団・中国青少年団・満州帝国協和青少年団が参加し、ビルマ青年連盟副会長も発言した。

台湾、朝鮮、樺太という日本の統治地の青年団は、日中戦争が開始されると大日本連合青年団に組み入れられた。大陸では、日本人居住地区に日本人青年団が軍の関与でつくられ、傀儡政権の樹立に成功した国では、現地人の青年組織がつくられ、興亜青年の連係が図られた。太平洋戦争がはじまると、日本軍の占領地に現地人の青年団が結成され、欧州枢軸の青年連盟との連絡、占領地も含んだ大東亜青少年会議により大東亜共栄圏の青年団の結盟が図られたのである。

これらの青年団は、日本人または地域の防衛力として軍を補完するものであったが、台湾では、昭和十三年

伊勢神宮大日本青少年団御萱場地造成勤労奉仕（昭和17年～18年）

（一九三八）四月に、上海派遣軍の指導下に台中・台南・高雄から各二〇〇名の台湾人青年を選択して台湾農業義勇団を組織し、占領地農場で蔬菜類を栽培して軍に供給させて大陸農業の基礎を築かせようとした。また、昭和十五年に勤行報国青年隊が創設され、ここに参加した青年は台湾特設労務奉公団として南方へ派遣された。台湾の青年団は興亜青年運動が展開する中で、大陸対岸、南方への労力の供給源の役割を果たした。

四　台湾青少年団の成立と総合修練体制

昭和十四年（一九三九）五月十一日、台湾総督府は、内地に四年遅れて台湾青年学校令を公布し青年訓練体制が整備され、昭和十五年三月二十八日には勤行報國青年隊が創設されて青年軍事訓練体制が進捗した。昭和十六年三月一日、内地の皇国民錬成を目指した国民学校令公布とともに新しい台湾教育令が出されて、小・公学校は国民学校となった。四月十七日には、内地の大政翼賛会と同組織の皇民奉公会が成立するなど、台湾の戦時体制が整えられた。

戦時体制と青年の訓練体制が整えられて、昭和十六年一月に内地で大日本青少年団として青少年組織が統合されると、同年十二月には、台湾においても十四歳から二十五歳以下（在学生を除く）のすべての台湾の青少年が強制参加する台湾青少年団が設置され、総合修練体制がとられた。

台湾における青少年団の成立によって、その参加者数は、「四十七万余は二倍、十九万の少年団は四十四万」に増加した。青少年団結団による総合修練体制の目的がどこにあったのかについては、昭和十七年五月十七日に行われた台湾青少年団結成式が、南方共栄圏青少年大会を併せた大会であったことが象徴している。南方共栄圏青少年大会には、台湾のほかに中国・泰国（タイ）・安南（インドシナ）・インドネシアが参加し、フィリピンが大会後の懇談会に参加した。同年十月十四日に総督府社会教育官の阪上福一が台北放送局で放送した「皇国青年の道」において、「大東亜の北の護り、北の建設は……満蒙開拓青少年義勇軍。大東亜の南の護り、南の建設は……台湾に生を受けた青年」といっている。この阪上社会教育官の言葉は、台湾青少年団の大東亜戦争における戦略上の位置づけを明確に語ったものである。

分隊実習地経営・青年常会・部落別集会指導・簡易国語講習指導・産業報國運動への協力といった、日常活動を通じて青年団は皇民化と産業報国運動を底辺で支えた。しかし、それだけではなく、満蒙開拓青少年義勇団のように軍事力としても期待されたのである。昭和十七年二月、高砂族によって編成された高砂族義勇隊が南方の激戦地に派遣された。十八年九月には、本島人に徴兵制が実施され、台湾の民族はすべて戦争に参加させられるようになった。昭和十九年一月二十日、十六歳から徴兵前の十九歳（十九年度は二十歳も可）までの国民学校未終了者を対象に皇民錬成所を設け、国語習熟を徹底させた。昭和二十年五月二十日、内地戦時教育令の公布により大日本青少年団体が解散されて学徒隊が結成されると、台湾でも六月二十五日に戦時教育令施行規則により、学徒隊が結成されたのである。

大正三年（一九一四）に日本人入植地につくられた台湾の青年団について、昭和二十年の学徒隊によって、青少年団が解散されるまでの歴史を述べた。ここで台湾の青年団の特色をまとめると、

一、大陸問題や南方への南進基地という、中国南部・南方への前進基地としての大日本帝国主義の台湾の位置づけが青年団運動にも反映していた。

一、戦争の進展とともに、北の満州、南の台湾として、南方前進基地としての役割が明確化し、青年団は国語教育の補助機関として皇民化政策に重要な役割を果たし、労力・兵力の供給源とされた。

一、日本人・本島人（中国人）・高砂族の民俗的原質の異なる民族が住んでいたこと。若者仲間の前身を有する高砂族は霧社蜂起事件以後、そして人口全体の九割を占め青年団の前身と目される若者仲間を有しない本島人は皇民化政策によって、強制的に青年団に組み込まれた。

花岡初子の証言によれば、高砂族の青年団は、昭和二十年十月の中華民国の台湾支配に伴い自然に消滅したという。民俗的原質の差にかかわらず、植民地支配の消滅とともに台湾の青年団はなくなった。

第六章　青年の国際組織と対立

一　六大都市青年団の大日本連合青年団直接加盟の国際的背景

大正十四年（一九二五）四月、名古屋市において大日本連合青年団が発団したが、東京・横浜・名古屋・京都・大阪・神戸の六大都市は参加しなかった。それは大日本連合青年団の規約が、行政系統に沿って府県青年団の下に市町村青年団が所属することになっていたため、六大都市の自主性が確保できないということと、農山村の青年団と大都市の青年団は指導経営が異なることが理由であった。

昭和十年（一九三五）、六大都市青年団の大日本連合青年団への直接加盟問題が具体的になった背景には、満州事変とそれによる日本の国際連盟脱退があった。

外務省記録「本邦少年団及青年団関係雑件」に綴られた「六大都市青年団役員会開催ニ関スル件」によれば、昭和九年四月十一日から横浜市の開港記念横浜会館で二日間、第十回の六大都市青年団役員会が開催された。この役員会で協議された内容は、前年度大会で決議された大日本連合青年団への直接加盟を受けて開かれ、東京市代表より直接加盟運動の経過が説明された。協議事項は、東京市から国際連盟脱退後の国際的重大事期に際し、六大都市青年団の留意すべき緊急事項として、国際連盟脱退と同時に開戦があるがごとき考えを青年に与えぬこと、常時団体訓練に努めることなどの指導を提案している。二日目の協議で注目されるのは、東京市から防護団と青年団との編成の説明に続き、各地代表から防護団組織などについての説明があったことである。時局下、防空のための防護団と青年団との連携が意図された。また、大都市青年団においては中堅幹部養成が困難なこと、中等学校以上の生徒ならびにその卒業生の青年団入団について、中等学校などの教員に青年団を理解せしむること、などが議決された。

この役員会の協議から、六大都市青年団の大日本連合青年団への直接加盟の背景の一つに、満州事変と国際連盟脱退という、戦争の危機感があったことがわかる。

昭和十年（一九三五）四月には、明治二十六年（一八九三）からの実業補習学校と、大正十五年（一九二六）に軍事訓練を目的として設けられた青年訓練所が、勤労青年の学校教育機関の青年学校として一本化された。青年学校は昭和十四年には義務化された。これにより、満二十歳以下の青年団員は全員青年学校生徒ということになり、青年団と青年学校の関係が議論の対象となった。また、同年三月、大日本連合青年団は統制団体としての大日本青年団と改称された。ヨーロッパで第二次世界大戦がはじまると、昭和十五年七月に第二次近衛内閣による新体制運動によって大政翼賛運動が開始され、昭和十六年一月、大日本青年団は大日本女子連合青年団、大日本少年団連盟、帝国少年団協会とともに大日本青少年団と改変された。

昭和十六年十二月、対英米戦争の開始は、やがて日本本土も壊滅的な被害を受けることになり、多くの「青年」が兵士として散っていった。昭和二十年、本土決戦を準備する中で大日本青少年団は学徒隊や国民義勇隊となって、青年団体の中央組織は失われた。しかし、地方の青年団がなくなったわけではなかった。たとえば、静岡県御殿場市の青年団の日誌を見ると、八月十五日の終戦からひと月近く空欄であったが九月には記述が再開され、その年のうちには「民主主義」という文字を日誌の記事に見ることができるようになる。

二　世界青年会議（World Youth Congress）

外務省外交史料館に架蔵される外交文書の中に、「世界青年会議関係一件」と題された一冊の綴がある。その第一頁は、昭和十三年七月四日午後八時十分に在紐育（ニューヨーク）若杉総領事から宇垣外務大臣へ宛てて送電された暗号電文である。その内容は、

確実ナル筋ノ報道ニヨレバ、最近漢口政府（筆者注、蒋介石国民党政府）教育部ハ米国大使ニ宛テ支那側ハ世界青年大会ニ二十名ノ代表（内地ヨリ八名残リハ在紐育支那留学生ヲ以テス）ヲ出席セシムル旨回答セル趣ナル処、右大会ノ性質開催時日等不明ナルニ付本件真相御取調ノ上結果至急回電アリ

度シ、米ニ転報アリ度シ

とあるように、交戦中の中国国民党政府の動向への注目であった。

世界青年会議への日本の外交当局の関心は、交戦国である中国国民党政府の動きであったが、これはやがて連合国側＝世界青年会議と枢軸側＝世界青年連盟という第二次世界大戦の国際対立の構図と同じに青年の国際組織が編成されていくことになるのである。

中国政府の反日宣伝を警戒した外務省は、ニューヨーク総領事館の嘱託職員を北米基督教青年会員として、またそのほかに在米邦人留学生三名をオブザーバー資格で出席させることを決め、彼らに新聞記事を含んだ会議のようすや討議内容、各国とくに中国代表団の動きを逐一報告させた。それらを綴ったのが「世界青年会議関係一件」である。この綴から世界青年会議について検討を加える。

「2ND WORLD YOUTH CONGRESS」のプログラムの巻末に載せられたエリザベス・コリンズ女史の「WE SHALL one day ACHIEVE OUR GOAL（筆者注：われわれの目的にとって記録すべき一日に）」と題された文章には、二年前（注：一九三六年）にイタリアのジェノバで、第一回世界青年会議が二八カ国七五〇人の代表が集まって開催され、第二回を今年（一九三八年）アメリカで開催することが決定されたことが書かれている。第二回の会議には、五六カ国の青年組織四〇〇〇万人の代表が参加するとある。

コリンズ女史のプログラムの文章には、参加国数は五六とあるが、実際には五五カ国であった。日本代表の報告書によれば、会議直前になってソヴィエト連邦代表団派遣が中止となった。その背景として、日本側は青年会議が「赤色会議」と非難されることを回避した結果であると推測している。この世界青年会議をソヴィエトの国際共産主義青年運動の一環とする見方は、日本側には強く、昭和十三年（一九三八）八月二十七日に発電された駐米大使重光葵から宇垣外務大臣宛の報告では、コミンテルンと世界青年会議の関係についてとくに注目している。その電文によれば、昭和十三年五月上旬にパリで開かれた欧州青年共産党員大会は、第二回世界青年会議への参加を決議した。そして、今回の大会の任務は、青年に対して、緊迫する世界情勢が「ヒトラー」「ムッソリーニ」および日本軍閥によって醸成されたことを印象づけることにあるとし、コミンテルンの真の意図を明示していると指摘している。また、コミンテルンが横に社会主義者を提携しようとする人民戦線運動と並行して、縦に青年階層に浸透しようとするものと世界青年会議を位置づけている。続いて本大会が危険なる世界政局の今日に開催したことは、平和運動がいかに広範囲にわたっているか、またドイツの大演習に対する平和愛好民族の回答であり、軍事的侵略の危険および戦争誘発者に組織的な反撃を与える必要を認識する資本主義諸国青年の決意を反映したものと論じた、プラウダ紙の論評を報告している。

三　第二回世界青年会議の開催

第二回世界青年会議は、昭和十三年八月十六日より二十四日まで、ニューヨーク州のVASSAR COL-

LEGE（ヴァッサー・カレッジ）において開催された。会議には五五カ国五〇〇人の各国青年が参加した。そのようすを日本外務省に宛てた報告書は、会議日誌・会議経過・各国代表団の勢力・訪支国際学生代表団の活動・会議の対外宣伝・会議の黒幕・附録（出席代表者氏名等）で構成されている。各国情報交換会における各国の報告は、

オーストラリア……青年宿泊所の設立。

ベルギー……失業問題深刻さと青年運動の困難、国内言語の相違。

ブルガリア……第一回大会で国際不正義が多かったのは世界全体のためよりも自国の利益のみを考えていたためで、本会議ではかかることのないように望む。

カナダ……都市における青年失業問題、ケベックにおける言論の自由問題、カソリック教会がカソリック青年をカナダ青年会議に参加することを許さないこと、カナダ青年会議の運動の結果、政府に二五〇万ドルの青年に職業的訓練を与えるための補助金を獲得したこと。

支那……支那青年は抗日戦争において重大なる役割を果たしていること。

チェッコスロバキア……青年運動はあまり発達していない、国際紛争は平和的手段をもって自由と平等の原理に基づいて解決されるべきこと。

デンマーク……スカンジナビア諸国との間に協定があるので戦争の恐れはない。

エクアドル……帝国主義およびファシズムに反対する、小国も大国と平等の待遇を与えられること。

フランス……すべての対日貿易を止めること、支那およびスペインとの貿易を促進すること、国際連盟の強化を図る。

イギリス……四八の全国的団体と一〇の地方的団体を有す、平和運動組織に関する教育を継続すること、社会正義の基礎をもって世界平和の永久的基礎となすこと、支那およびすスペイン救済事業。

オランダ……青年運動の組織ははなはだ不完全、国際連盟協会設立、平和擁護青年団体七五〇、支那およびスペインを援助するために声援、平和連盟を組織してほしい。

ポルトガル……青年会議運動は存在しない、国際連盟協会に青年団体を有するのみ、社会正義、戦時条約の再検討、欧州における少数民族の自由解放。

第２回世界青年会議会議録表紙
（1938年）（外務省外交史料）

インド……インド人の生活状態、全インド青年会議、ガンジー指導の動乱、一一万のインド人投獄、イギリスの帝国主義打倒、政治的自由獲得、インド全国会議は支那およびスペインに医薬救済、日本品ボイコット運動。

であった。

つづいて、A～Dの五つの分科会が開かれた。それぞれの分科会のテーマは、（A）平和のための政治的経済的機関、（B）青年の経済的文化的状態とその平和との関係、（C）平和の宗教的哲学的基礎、（D）他の分科会で決議された内容を実行に移す手段方法を検討する、であった。

分科会が終ると総会が開催され、そこで「NEW YORK PEACE PACT」（ニューヨーク平和誓約）が提案採択された。外務省嘱託の報告書では、会議幹部が独裁的に提案したとあるが、本提案は緊急動議によって、会場のVASSAR COLLEGEを記念して、「VASSAR YOUTH PEACE PACT(ヴァッサー青年平和誓約）と改称することになった。

ヴァッサー青年平和誓約を報告書の邦文によって紹介する。（原文：漢字カタカナ文）

誓約条文

第二回世界青年会議に出席せる五十三《（ママ）》カ国の青年代表は、人類福祉増進の厳粛なる義務を深く感じ、戦争と軍国主義とは本来残忍なる暴力であり、人格と文化の有する総ての価値を破壊する物なりと信ず。若し国家間の法律が守られ、各国民衆の平和的意思に基づきたる正義が確立さるれば戦争は不可避ならざることを信ず。現存する平和の養護、侵略によりて破砕せられた平和の回復、普遍的に永久的平和の基礎を築くため、各国その分を尽さん事を希望し、青年会議は国籍人権、宗派を問わず、平和のために協調することこそ青年の深甚なる要求なる事、又個人の信念の相違を充分尊敬しつつ実践に於ては一致する行動をとり得る事実を示せる事を確信し、「ケロッグ・ブリアン」平和条約の第十周年にあたり、この誓約を結ばんことを決す。

第一条

我々は世界青年会議運動の指導の下に、各国青年間に親交と共働の精神を発揚し、自国内の青年の一致を助け、人種・信仰又は意見の相違を問わず総ての国の青年を一致せしめん為に働くことを誓う。

第二条

我々は政治的独立又は領土行政の保全（integrity）を侵害するが如き侵略戦争を非難す。

第三条

我々は他国に対する侵略戦争に自青年を絶対に参加せしめざる様全力を尽くさんことを誓う。

第四条

我々は出来うる限り自国の政府当局をして侵略行為防止及びその絶滅を計るため、一致の行動を取らしめ、条約違犯及び侵略による犠牲者に有効なる援助を与えるため、尚経済的援助又は軍需品供給に由る侵略行為参加の抑制をなさしむるが如き圧迫を加うる事を協定す。

第五条

我々は無防備都市及非戦闘員の爆撃は人道と国際法に反すものなる事を宣言し、斯かる行動を責め、且つ犠牲者を助ける為に全世界の与論を動員せんとす。

第六条

我々は国家間及び国内に於ける正義なくして、又は自由を求めつつある民族及び植民地の自決権を認めずして永久的平和の存在し得ざる事を認め、平和的方法をもって人種・信条・意見の如何を問わず各民族に対する不正を是正し、自国内に政治的正義の確立を計り、又国際紛争の平和的解決のため、即時国際機関を設立せん事を唱道す。

一九三八年八月二十三日

第二回世界青年会議

於　ヴァッサー・カレッジ（紐育州プーキプシー市）

第二回世界青年会議は、青年平和誓約の条文に見られるように、ファシズムと日本帝国主義の侵略戦争への反対、無防備都市および非戦闘員への爆撃反対、植民地民族の自決権を認めずに永久平和はない、とする青年の平和に対する考え方を明確にした。

しかし、現実には平和と民族自決を求める世界青年会議と、非難の対象となったドイツ・イタリア・日本は、別個の世界青年運動を形成していくことになる。

第七章　枢軸側の青年運動の連携

一　日独青少年交驩事業

青少年団体の国際交流は、少年団は大正時代より行っていたが、青年団については、昭和十三年（一九三八）の日独青少年交驩がはじめてであった。日独青少年交驩については、『大日本青少年団史』にその経過についての史料がまとまっている。しかし、研究は案外と乏しかったが、大串隆吉『青年団と国際交流』（一九九九年　有信堂刊）によって、日独青少年交驩と国際青年運動の関係が深められた。

しかし、従来の研究では、ドイツ本国との交驩使節についてのみ検討されていて、中国の上海・青島の「在支ヒトラー・ユーゲント」の訪日については触れられなかった。ここでは、青島・上海のヒトラー・ユーゲントの日本招待の実際と招待の意図を検討し、戦時下の青少年団体の国際交流の特質を明らかにする。

雑誌『青年』昭和十三年七月号に載せられた駐独大使武者小路公共「私の見た独逸の青年」によれば、

三年前（注、昭和十年）に武者小路がヒトラー・ユーゲントのキャンピングを見学した帰りに、ヒトラー・ユーゲントの本部に行き、そこでドイツ国青少年指導総監B・F・シーラッハに会い、日独青年の交驩の必要を話し合ったことがきっかけとなった。その後の具体的な経過については、『大日本青少年団史』の記述に従えば、昭和十一年（一九三六）十一月に日独防共協定が成立して間もない十二月に、シーラッハより駐独大使武者小路に、日本およびドイツの青少年団員約三〇名を適当な時期に相互に派遣したいという申し出があり、このことについてはヒトラー総統も非常に乗り気である旨を申し添えてあった。さらに昭和十二年九月、ドイツ青少年指導庁を代表して来日したラインホルト・シュルツは、日本の文部省社会教育局と意見の交換を重ねて、昭和十三年に実施することとなった。

ドイツ訪問団は、大日本連合青年団代表一四名、大日本少年団連盟・帝国少年団協会代表一一名の合計二五名を選抜した。文部省は、この事業を円滑に遂行するために、内閣・中央官庁、財界・青少年団体の首脳からなる「日独青少年団交驩会（会長・文部大臣）」を昭和十三年四月に社会教育局内に設置して、国をあげての事業とした。

ドイツ派遣の団員は、五月三日に東京青山の日本青年館に招集され、三週間の合宿訓練を経て、五月二十七日、靖国丸で神戸港を出航しドイツへ向かった。訪独団（団長・文部省文書課長朝日奈策太郎）は、六月三十日にフランスのマルセーユに着き、パリを経てケルンからドイツ入りした。ドイツ入りした一行の服装は、当時の大日本連合青年団の服装姿で、戦闘帽・団服・制帽に長靴というヒトラー・ユーゲント

ニュルンベルグH・J大会に参加した訪独日本青少年代表（昭和13年9月）

に比べ、あまりにも見劣りのする姿のために在独邦人は急遽服装を整えたほどであった。

中道寿一『ヒトラー。ユーゲントがやって来た』（一九九一年　南窓社刊）の指摘によれば、訪独団を受けとめたナチス・ドイツのねらいは、一九三八年を「外国青年たちとの親善の年」に指定し、諸外国の青年組織の友好関係を結ぶことによって諸外国の青年たちとの友情を形成・強化することであった。日独青少年交驩を、ドイツ青年と外国青年の共同活動をはじめて海外にまで拡大するものと位置づけていた。そして、日本青年団の訪独目的は、ヒトラー・ユーゲントの組織および組織形態を学ぶことであり、ドイツ旅行のクライマックスはニュルンベルグのナチ党全国大会参加であると考えていた。このドイツ側の日独交驩に対する考え方と、訪日ヒトラー・ユーゲントのクライマックスを東京の明治神宮外苑におけるヒトラー・ユーゲント歓迎全国青少年団大会としながら、後述するように内実的には橿原神宮の造営労働奉仕に置いた日本側とは差異があるように思える。

訪独日本青年団は、昭和十三年（一九三八）七月十二日にブレーメン港において訪日ヒトラー・ユーゲント一行出発を見送った。そして、十一月十二日、訪独日本青年団が神戸港に帰港した日に、神戸商工会議所において日独両青少年代表団の交驩が行われ、帰国の途につくヒトラー・ユーゲント一行を訪独日本青少年団が見送るという演出がされていた。日独青少年団交驩事業は、こうした演出が施されており、演出効果という面からも交驩行事を検討することが必要と考えられる。

ヒトラー・ユーゲントは、昭和十三年八月十六日に横浜港に入港し、翌十七日に上陸して、東京駅に到着すると、駅頭には歓迎の三〇〇〇名の青少年団員のほかに、十数万の群衆が熱狂的に出迎えた。以後、北海道から鹿児島まで、どこへ行っても多くの群衆に熱烈な歓迎を受けた。これに対して訪独日本青少年団は、最初のケルンでの歓迎はよかったが、ベルリンでは三〇人で、どこへ行っても関係者二、三〇人の出迎えであったという。その違いについて外務省情報課員は、日本はこうした外国との青少年交驩ははじめてであるのに対して、ドイツは英・仏・スウェーデン・米などの諸国とすでに交流がある点を指摘している。国際交流に不慣れゆえのお祭り騒ぎの歓迎であったが、その国民的な関心の高さは、中道氏の指摘するごとく、青少年組織の統制化に強いインパクトを与え、国家総動員体制の建設に寄与した。

二　上海・青島ヒトラー・ユーゲント

従来の日独青少年交驩についての研究のもっとも大きな欠陥は、上海・青島ヒトラー・ユーゲント日本招待の問題が視野に入っていないことにある。上海・青島ヒトラー・ユーゲントを「交驩」ではなく「招待」した目的は、その「趣意」に明らかである。

在支「ヒトラー・ユーゲント」代表本邦招待ノ件

一、趣意

本年八月十六日日独青少年交驩ノ為独逸国ヨリ「ヒトラー・ユーゲント」訪日派遣団一行来朝シ約三ヶ月ニ亘リ本邦各地ヲ訪問視察セル処、右派遣団ノ本邦旅行ニ際シテハ、出来得ル限リ是等青少年ノ我国ニ対スル知識ヲ涵養スルト共ニ各地ニ於ケル青少年ト接触セシメ、青少年層ヨリスル日独親善関係ノ緊密を企画セルカ、一方支那ニ於テ独逸人ノ対日認識ハ従来兎角不充分ナル憾アリタルニ鑑ミ此ノ機会に於テ在支「ヒトラー・ユーゲント」約百名中ヨリ上海班代表八名、青島班代表四名計十二名ヲ選抜セシメ、十月四日ヨリ同月二十三日迄約三週間ニ亘リ前記訪日青少年団ノ関西方面旅行ニ随行セシメ、是等青少年ヲシテ実地ニ日本ヲ知ル機会ヲ與フルト共ニ、本国ヨリ来レル青少年ノ對日親善感情及精神ヲ感得セシムルコトトセリ右の趣意に示されるように、上海・青島ヒトラー・ユーゲントを日本に招待した目的は、「支那ニ於テ独逸人ノ対日認識ハ従来兎角不充分ナル憾アリ」という認識から、これを克服する手段として中国にあるドイツ青少年に、日本を実地に知る機会を与えることと、ドイツ本国と日本との親密な関係を印象づけることにあった。

昭和十二年（一九三七）七月七日、蘆溝橋で日中両軍が戦闘に入り、日本と中国は全面戦争となっていった。八月十三日には海軍陸戦隊の上海上陸。十二月十三日、南京占領と大虐殺。ヒトラー・ユーゲント訪日中の昭和十三年八月二十二日には、武漢・広東への攻撃命令が出され、帰国直後の十月二十七日には武漢三鎮が日本軍によって占領された。こうした日本軍の中国での戦闘は、中国に居住するドイツ人にとっても不快であったことが、対日認識が不充分であるという日本側の認識の基礎となったのであろう。

ところで、この上海・青島ヒトラー・ユーゲントの日本招待については、日独青少年交驩を管轄した交驩会の記録である『日独青少年交驩会事業概要』に訪日があったことしか、その記録が残されていない。その理由は、上海・青島ヒトラー・ユーゲントの長崎到着を報じた『長崎日日新聞』の記事にある寺岡恭平外務事務官の弁に、上海・青島ヒトラー・ユーゲントの訪日は、「今度は外務省の招聘です」とあり、外務省の招待であることによる。

外務省記録によって、上海・青島ヒトラー・ユーゲント日本招待の経緯を追ってみる。外務省記録に上海・青島ヒトラー・ユーゲントの件がはじめて現れるのは、昭和十三年七月十五日付の堀内謙介外務大臣から伊藤延吉文部次官へ宛てた「日独青少年交驩ニ関スル件」（欧二普通第六三二号）である。この照会文は前掲の趣旨とほぼ同文であり、実現方を文部省に協力依頼した内容である。これに対して、伊藤文部次官が八月一日に堀内外務次官に宛てた返信では、この外務省の計画を「時宜ニ適シタル企テ」と評価し、経費・日時については日独青少年交驩会と打ち合わせてほしいとの回答があった。その後、九月十五日に宇垣外務大臣から在上海後藤総領事、九月二十二日には在青島大鷹総領事へ、招待と日本渡航のための船室確保の件が指令されている。この費用は現地で立て替え、本省に請求することとされていた。ちなみに、この渡航費用は上海班（長崎丸）三六〇円、青島班（泰山丸）二七六円であった。

こうした経緯を見ると、外務省による上海・青島ヒトラー・ユーゲント日本招待は、日独両青少年交驩使節がすでにドイツで交驩していた昭和十三年七月に対中国政策として計画され、経費も外務省が負担したものと考えられる。したがって、外務省の独自計画であったために『日独青少年交驩会事業概要』には具体的内容が記録されなかったのであろう。

左記に、上海・青島ヒトラー・ユーゲントの団員の姓名と年齢を掲示しておく。

〈上海班〉

クルト・フェルグラーフ　　三十八歳（団長）

ヘルムート・コッホ　　三十一歳

カール・ハインツ・クナーペ　　十六歳

ヘルムート・エッゲルス　十六歳
ウオルフガング・ケスラー　十六歳
ヘルベルト・フロンメル　十七歳
ハラルド・レンツ　十四歳
レオ・イバノフ　十七歳

〈青島班〉
フリッツ・ナウエルト　三十八歳
エリッヒ・フォイグト　三十四歳
メナンデル・フォルショック　十八歳
ヘルムート・ミュラー　十五歳

次に、上海・青島ヒトラー・ユーゲントの訪日経過を簡略に紹介する。

十月四日　正午、上海班、日本郵船長崎丸にて長崎着。平野屋旅館休息。午後二時四十五分、門司駅着。丸山山荘泊。

十月五日　午後一時、大阪商船泰山丸にて青島班門司着。宿舎にて上海班と交驩。午後一時半、門司発。下関山陽ホテルにて午餐。午後二時四十分、下関発午後七時半、宮島着。宮島ホテル泊。

十月六日　午前九時、広島陸軍幼年学校見学。午後二時、宮島発。午後七時、広島日独協会主催歓迎晩餐会。
十月七日　午前九時半発。午前十時、江田島海軍兵学校着。午後三時、宮島着。
十月八日　正午、宮島発。午後七時、大阪着大阪ホテル泊。
十月九日　午後二時、上本町駅発。午後三時、奈良着。奈良ホテル着。午後五時、ヒトラー・ユーゲント本隊を宿舎前に迎える。
十月十日　午前八時四十分、奈良駅着。橿原神宮、法隆寺。午後五時二十分、宿舎着。
十月十一日　午前九時、宿舎発。春日神社、東大寺、帝国博物館、奥山めぐり。午後六時、奈良ホテルにてドナート講演。
十月十二日　午前八時半発。平城宮趾。
十月十三日　午前九時十分、奈良発。十時十六分、京都着。桃山御陵、京都博物館、本願寺、金閣寺、西陣織工場。午後三時半、都ホテル着、泊。
十月十五日　午前八時発。比叡山宿坊泊。
十月十六日　午前、保津川下り。午後二時、岡崎運動場国防体育運動、青少年団交驩、平安神宮、神苑、楽焼き。午後四時、武徳殿において剣道見学。午後六時、獨逸文化研究所主催晩餐会。

十月十七日　スポーツ・観劇。午後七時五十四分、京都発。
十月十八日　横浜駅下車。各自の宿舎に向かう（十八日から二十一日まで、在京ドイツ人による招待）。
十月二十二日　午前九時半、東京駅集合、帰途につく。青島班、神戸下車、長崎丸にて帰航。
十月二十三日　午前、下関山陽ホテル休息。午後三時五分、長崎着。平野屋泊。　長崎市長主催茶会。
十月二十四日　午前、上海班、日本郵船上海丸にて帰航。

右の旅程のうち、東京については、昭和十三年（一九三八）十月十一日の日付のある奈良ホテルのメモ用紙に書かれた、寺岡事務官から欧亜局第二課長に宛てた手紙にその事情が記されている。その手紙には、在東京ドイツ人から三日間、中国からのヒトラー・ユーゲントを東京に招待したい旨の申し入れが、団長のドナートから伝えられた。費用も在東京ドイツ人が負担することでもあるし、できれば望みどおりにしてやりたいという、寺岡の意見も添えられていた。外務省本省でもこの意見を取り入れて、予定を変更して上海・青島ヒトラー・ユーゲントの東京旅行を実現したのである。

三　橿原神宮外苑造営とヒトラー・ユーゲント

先に触れたように、日本からの訪独使節を迎えてのクライマックスがニュルンベルクのナチ党大会であるとすれば、ドイツからの訪日使節団を迎えての行事のクライマックスは、折から開かれていた大日本連合青年団第十四回大会の行われていた九月二十八日に、明治神宮外苑競技場で開催されたヒトラー・ユーゲント歓迎全国青少年大会であった。

しかし、上海・青島ヒトラー・ユーゲントは、歓迎全国青少年団大会に参加していない。その理由は、前記したように、宇垣外務大臣から在上海・青島の総領事に船室の確保の指令が打電されたのが九月十五日と二十二日であることから、日程的に歓迎大会への出席は無理であったことが考えられる。しかし、ただ日程的な問題のみでクライマックスに参加せずに、ヒトラー・ユーゲント本隊の関西旅行にのみ上海・青島ヒトラー・ユーゲントを同行させたのだろうか。招待の趣旨にある「実地ニ日本ヲ知ル」とは、日本の何を彼らに知ってもらい、何に役に立てたかったのだろうか。そこに、わざわざ上海・青島ヒトラー・ユーゲントを外務省が独自に日本に招待することの政策的意図を見ることができるだろう。

まず、合流地点の奈良旅行の目的について、本隊の予定表には「古代日本文化鑑賞」とある。確かに法隆寺等の文化財の見学も行われるが、新聞記事にあるように、「万代不易の日本精神を実物教育」することに真の目的があった。本隊の日本旅行に随行した外務省調査部第二課の職員の報告である「ヒトラー・ユーゲント覚エ書キ」には、ヒトラー・ユーゲントがどこへ行っても神社を見せられるために、「又神社カ、面白クアリマセンネ」という不満をいっていることが記されている。こうしたユーゲントに対して、外務省職員は「天皇、皇室ニ関スル吾人ノ考へ、神社ニ対スル関係、コレガ吾国ノ本質的ニ他国ト異ル所ダ、兎ニ角コレ丈ハ解ツテ帰レ」と答え、天皇・皇室崇拝、神道を日本理解の本質と彼らに理解させようとしていた。そして、「日本精神」なるものを、「私達ガカウシテ働イテヰルノハ天皇陛下様ノ御陰デス、コノ土地ハ皆天皇陛下様ノモノデス、ソシテ天皇陛下様ノタメニ私達ハ此処ニ働テヰルノデス」「支那事変ノ経緯ヲ例《ママ》へ知ラナクテモ出征トモナレバ、天皇陛下様ノオ為ニ私達ハ命ヲ捧ゲル。(中略)コレガ日本精神デス」と説明している。この日本精神と天皇についての説明に対して、ヒトラー・ユーゲントは理解しがたかったことが報告されている。どの点が理解されなかったというと、天皇が「神」であり、「過失なきもの」であるという点であった。彼らは、ヒトラーは「人間」であり、「過失を侵しうる」と考えていた。ヒトラーはフォルク(国民)であるが、天皇は天照大神の後裔で「神の子」であるという、外務省職員の説明には驚いていた。奈良はこうした天皇制を理解させるうえで、もっとも「実物教育」に適したところであった。ことに、折から神武天皇が宮を建て即位の礼を挙げたと伝えられる橿原に、明治二十三年(一八九〇)に創建された橿原神宮の紀元二千六百年記念外苑造営労働奉仕への参加は、そのもっともよい実物教育の機会であった。

橿原神宮が、ドイツからの本隊だけでなく、上海・青島ヒトラー・ユーゲントにとってむしろよい実物教育の場であったかは、橿原神宮の歴史を見ればわかる。『橿原神宮史』および『橿原市史』の記述によれば、幕末の文久三年(一八六三)に橿原神宮に隣接する現在地に神武陵が築造された。明治政府は『記紀』の記載に従い、畝傍山の東南に当たる橿原を神武天皇の宮と即位をした場所とした。その後、奈良県会議員らの建議もあり、京都御所の内侍所と神嘉殿が移築され、明治二十三年に現在地に橿原神宮が建立された。橿原神宮は、日清戦争・日露戦争を契機に紀元節との結びつきを深くし、「紀元節の橿原神宮」という性格を強めはじめた。それとともに神宮境域の拡張が図られ、昭和三年（一九二八）には、「国体観念鍛成の場」として、大典の際の賜饌場を移して「建国会館」を建設した。昭和十二年、近衛内閣によって国民精神総動員運動がはじまると、奈良県は大正時代の明治神宮外苑建設に倣って、橿原神宮外苑建設を紀元二千六百年記念として勤労奉仕によって行うことを政府に陳情した。この結果、翌年の五月に畝傍都市計画・橿原土地区画整理事業が決定し、学生・生徒・会社・工場・商店、町内会、天理教、青年団、婦人会などの労働奉仕によって造営が行われた。

橿原神宮は、日本「建国」の地とされていたこと、「東洋の実権を掌握する」象徴と考えられていたこと、それに大正の青年によって建設された明治神宮外苑を手本に、国民の労働奉仕による動員によって造営が行われていたこと、この点が「日本精神」をヒトラー・ユーゲントに「実物教育」を施して、日本を知ってもらいたかった内容であった。そこにこの日独青少年交驩の意味があり、とくに天皇の軍隊が侵略する中国から、上海・青島ヒトラー・ユーゲントを招待する意味があったのである。

それはまた、ヒトラー・ユーゲントと日本側との交驩と招待を通じての意図の違いにもつながってくる。前記した外務省調査第二課員の報告である「ヒトラー・ユーゲント覚エ書キ」には、十月十四日に比叡山で蒋介石政権撲滅の大護摩に出席の依頼があったが、この依頼に対してヒトラー・ユーゲントは、防共の護摩ならば出席するが、ドイツと支那との外交関係を理由に、支那政権撲滅を目的としているならば出席できないと語っている。

上海・青島ヒトラー・ユーゲントを外務省が独自に招待してまで対中国政策のひとつの支えとする日本側と、コミンテルンの撲滅が目的であると強調するドイツ側との、日独青少年交驩における外交政策の狙いには差異があった。日本外務書の目的は、中国侵略に対する中国に在住するドイツ人の反感を緩和するためのものであり、関西地方を見学することによって「日本精神」を知らせ、日本が東洋の実権を掌握することのいわば「正統性」を感得させることにあった。そのための「実物教育」の場として、ヒトラー・ユーゲント本隊とともに上海・青島ヒトラー・ユーゲントの橿原神宮外苑造営工事への労働奉仕参加が設定されたといえる。

日本外地および海外青年運動と内地青年団との関係は、日独青少年交驩以後、第二次世界大戦の開始による戦争の進行とともに、外地や占領地において軍と深い関係によって青年団が誕生し、内地青年団との交流が図られる。また、昭和十五・十六年（一九四〇・四一）には、第二次日独青少年交驩が小規模ながら行われ、ヒトラー・ユーゲントは満州・中国・朝鮮へも足を延ばした。昭和十七年五月に欧州枢軸および友好国十数ヵ国青年団体で結成された欧州青年連盟は、同年九月にウィーンで開かれた第一回大会において大日本青少年団に対して答電を要請し、大日本青少年団はこれに応えた。翌十八年十一月には、大東亜青少年指導者会議が東京で開かれた。そのほかには、昭和五年に旧沿海州在住ポーランド人孤児によって創られた極東青年会がベルリンにおいて放送した極東青年会放送に対して、外務省は一万円の資金援助をしている。一方、ロシア関係神戸青年団や中国の鉄嶺中華青年会に対しては、社会主義思想や排日運動を危険視している。

昭和十三年の日独青少年交驩は、青年団にとって最初の国際交流であったが、それは同年八月にニューヨークで、日本が占領支配している中国と朝鮮の青年代表も参加して行われた第二回世界青年会議（World Youth Congress）に結集したコミンテルンに対する防共協定側の交流という、国際社会の対立が日本の青少年団体の活動に持ち込まれたことを意味した。第二次世界大戦がはじまると、枢軸側の青年組織が結成され、枢軸国と連合国との国際対立が日本の青年団にも影響した。日本の青年団にとっての国際交流は国際対立と不可分にはじまり、第二次大戦後には米ソの東西対立とやはり不可分に展開していくことになる。

第八章　戦後世界青年組織と日本青年団体の国際化

一　中央青少年団体連絡協議会

昭和二十六年（一九五一）五月十九日、中央青少年団体連絡協議会（略称、中青連）は、ボーイスカウト日本連盟（BS）・ガールスカウト日本連盟（GS）・日本基督教青年会同盟（YMCA）・日本キリスト教女子青年会（YWCA）・日本青年団協議会・日本赤十字社青少年赤十字（JRC）などの構成団体が連絡調整を図り、協力の増進を期することを目的に結成された。この中青連結成の事情には、GHQのCI&Eの指導が強く働いていた。CI&Eの局員としてIFEL（Institute for Training of Educational Leadership）を通じて中青連の創設に深くかかわったタイパー（Typer）が昭和四十四年一月に来日したときの講演記録には、その間の事情と意図が語られている。

戦争直後の青年の失業問題や平和の建設、教育の機会の増大と家族の崩壊がもたらした青少年の社会問題、それに犯罪問題に対する認識のうえで、タイパーは、青少年団体の都道府県あるいは町村段階での各種団体の再編成に着手し、地域別単位の再組織のためにボーイスカウトやガールスカウトのハンドブックの改訂に力を注いだ。その他の団体のハンドブックをはじめ資料・記録・広報映画、その他各地で行う行事に必要な資料の整理や再編纂にしばらく尽力していたという。

次の問題は、指導者の選択と養成で、ボーイスカウトやガールスカウト、青少年赤十字の指導者になることに関心のある人を見つけ出して選択し、養成することであった。

第三の仕事は、青少年団体の国際組織への復帰で、WAY(Word Assembly of Youth)への代表参加に努力した。そのほかには、キャンプ合宿訓練や夏季トレーニングを組織することであった。もう一つ重要なことは、文部省の社会教育局と協力しあうことで、戦後の状況を経て成人教育や青少年教育に関する新しい認識が生まれ、文部省もそれに対応して関連学会もできた。

昭和二十三年(一九四八)十月、東京小金井の日本青年館

IFEL関東地区講習会

分館「浴恩館」において、文部省主催の青少年教育指導者講習会が開催された。以後、二年間にわたって四人の青少年教育専門家を含む三十余名の権威者がアメリカからやってきて、日本中で行われた伝達講習会に参加して多くの指導者養成の一翼をになった。この青少年教育指導者講習会では、グループワークの理論と実態が、ワシントン大学のサリバン教授やガールスカウトのトウイ女史などのグループワーク理論の指導者が講師となって、各種の青少年指導者と都道府県の社会教育指導者が二週間にわたり生活を共にして青少年指導の問題に取り組んだ。この講習会での大きな成果の一つに、青少年指導者に連帯感が生まれたことがあげられていて、これが中央青少年団体連絡協議会の結成につながった。

浴恩館でのフォークダンス講習会
（昭和23年）

ＧＨＱ文書の中に、昭和二十四年二月十日の日付のあるタイパーの青年組織計画についての問題点を列記した文書がある。**Probram Planning in Youth** Agenciesと題されたこの文書は、東京にある青年組織の代表、東京都青年団・東京都・ボーイスカウト・ガールスカウト・子供会・ＹＭＣＡ・少年赤十字・指導者代表・日本青年館と、ＣＩ＆Ｅにおいて青年組織と学生活動を担当するタイパーとの協議内容である。協議内容を簡略に訳すと次のとおりである。

この会議の目的は、青年活動の建設に関しての重要な問題点を東京都に所在する国際的な組織によって非公式に討議することであった。そこでは青年の興味や何を必要としているかに関しての基本的な構成要素が討議された。多様性、先進性、パートナーやガイドのような指導者、よい意味での新しい供給源、予算内でのグループ化による効率化、柔軟性、かつ気をつけなければならない年齢層に対して慎重に、コミュニティー予算の効率的な使用法、重要なサービス活動についてのプログラムの説明責任に関してのデキャンタリゼーション、そして個々の豊かさに意味あるような行動プログラムである。グループ活動の最近の技術を取り入れたハンドブック・ニュースシート・マニュアル・歌集の公刊。異なった組織同士の方向性と良質で重要な要素をもっとも援助する。このグループの議論はキャンプサイトに有効に活用され、それぞれの団体自身にも有効であるとされた。この種のタイプの会合は地方の青少年団体を活発化させる調整機能をもつ。

この文書からもＩＦＥＬを媒介として、タイパーと青少年団体が盛んに青少年団体活動について総合的な協議しているようすを知ることができる。

一年後の昭和二十五年（一九五〇）四月二十七日のＣＩ＆Ｅ文書では、ガールスカウトから三原、ＹＭＣＡ石橋・末原、ボーイスカウト古田、赤十字本条、日本青年館増田・横山、そしてタイパーが集まって

「Youth Agency Plans」を協議している。協議の内容は、「World Assembly of Youth(世界青年会議)」、「Camping(ナショナルキャンプ)」、「Yoouth Hour on NHK(ＮＨＫ青年の時間放送)」「Professional Education(ユースワーク専門教育家養成)」の四点であった。これらの協議項目は、順次実施に移された。

二　日本青少年教育の国際復帰

第二次世界大戦によって、世界の多くの国々で次代を担うべき青少年は家族を失い家を焼かれ、飢えに苦しんでいた。こうした大戦後の青少年の現状を打開するために、ヨーロッパ諸国ではイギリスを中心に打開策の協議が重ねられ、昭和二十二年にはイギリス社会事業会議が主催して、ヨーロッパ青少年指導者会議がロンドンで開催され、昭和二十三年八月にイギリスのウエストミンスターにおいてThe iternational Youth Conferenceが開かれて、参加二五カ国が中心となり、Word Assembly of Youth（世界青年会議、略称ＷＡＹ)の結成が具体化した。昭和二十四年二月、イギリスのアンブリッジで「世界人権宣言」と「国連憲章」に基づく「世界青年会議憲章」が臨時常任委員会において起草された。そして同年八月、ベルギーのブリュッセルにおいて開かれた世界青年会議常任委員会において、三七ヵ国が加盟してWord Assembly of Youth Charter（世界青年会議憲章)が採択され、初代会長にカナダのモーリス・ソーベ氏が選出されてＷＡＹが創設された。

昭和三十一年、このアメリカのイサカで開催された総会には七名の日本代表が出席した。その背景には、日本の青少年教育の民主化を目的に、青少年団体の国際復帰を目指したタイパーの尽力があったことは前述した。昭和二十九年、中央青少年団体連絡協議会をWAYの日本国内委員会として第五回カウンシルに申請して承諾された。

WAYの誕生には、第二次世界大戦中に顕在化してきた西欧資本主義国家と共産主義国家の東西対立という世界構造があった。すなわち、昭和二十年十一月、ロンドンにおいて三六ヵ国の青年が世界平和と民主主義の立場に立つ世界民主青年連盟（WFDY）が結成され、連盟本部はハンガリーのブタペストに置かれた。しかし、すでにはじまっていた冷戦は、WFDYの分裂を招き、西側諸国は昭和二十三年（一九四八）八月にベルギーのブリュッセルで会議を開催し、二九ヵ国によって世界青年会議（WAY）が結成されたのである。

中央青少年団体連絡協議会の結成、WAY加盟による国際化は、西欧とくに米国の立場と同調することになる。戦後のアジア・アフリカ諸国の独立によってもたらされた第三世界の国際的な発言力の強まりは、東西問題のほかに南北問題が顕在化し、第三世界諸国の発言力が強いユネスコの運営について、米国は批判的となった。そして、昭和五十九年にアメリカはユネスコを脱退し、WAYの活動からも引いていった。日本はユネスコからは脱退しなかったが、WAYには参加しなくなった。

三　日本青年団協議会の国際活動

サンフランシスコ講和条約が昭和二十六年に締結、同時に日米安全保障条約が結ばれ、日本は明確にアメリカとの関係を基軸に国際連合に加盟し、国際社会に復帰した。日本青年団協議会（成立については第九章七を参照）は昭和二十七年十一月に講和条約発効を記念して全国青年大会を開催し、この大会には占領下の沖縄からも参加した。この昭和二十七年度の最後に、理事会で沖縄県連合青年団の日本青年団協議会への参加が認められ、これを機に青年団は沖縄返還運動を開始した。

日本青年団協議会は、東西世界の掛け橋となる活動を行い、ＷＡＹ、ＷＦＤＹの両組織とも接触した。また、国交のない国との交流を積極的に進め、中華人民共和国とは昭和二十九年、ソ連とは昭和三十三年から青年の相互交流事業を開始した。いまだ国交のない朝鮮民主主義人民共和国とは昭和五十四年から交流を行い、前衛的な民間外交を展開してきた。

昭和二十九年、南太平洋のビキニ環礁におけるアメリカの水爆実験によって日本のまぐろ漁船の第五福竜丸が被爆し、久保山船長が被爆死した。この事件を契機に原水爆禁止運動が起こり、日本青年団協議会も参加したが、組織内部に政党の対立がもち込まれ、地婦連とともに分裂回避に奔走したが、結局原水禁運動は分裂した。日本青年団協議会は独自の運動を開始し、昭和五十二年の世界大会に参加した青年団は全国的な反核運動を展開した。昭和五十七年の国連軍縮総会には世界的な反核運動と連帯しながら、三〇〇〇万人署名運動が行われ、総会には四〇名の青年団員が参加した。

昭和五十四年、アメリカの海外青年ボランティア事業を参考に、青年海外協力隊が、日本青年団協議会も協力して誕生した。アジア・アフリカ・中南米の諸国へ派遣される青年海外協力隊は、現在、毎年一〇〇〇人を越える有為の青年を海外に送り出している。

昭和六十年は、国連の「国際青年年」とされた。国際青年年は、昭和五十三年の国連総会決議に基づき、人類の将来を形成するに当たり青年の直接参加が果たす重要性と青年が公平と正義にもとづく新国際経済秩序を形成するに当たり果たしうる貴重な貢献を認識し、青年の間に平和、人権および人間の基本的自由の尊重、人類の連帯ならびに進歩・発展の諸目的への献身という理想を広めること、を目標に計画された。この「参加・開発・平和」を主テーマに国際青年年の事業を行うに当たり、日本青年団協議会は、集団活動の意義・青年生活と権利・地域づくりと参加を内容とする「『国際青年年』日青協宣言」を出した。

第九章　戦後地域青年団の動向と日本青年団協議会の成立

一　東京都西多摩郡成木村の教育委員会

戦後民主主義教育を規定したのは、昭和二十三年（一九四八）五月三日公布の日本国憲法と、七月十五日公布の教育基本法である。教育基本法第十条には公選教育委員会制があり、市民の代表による地方分権の教育行政は戦後民主主義教育の象徴であった。しかし、その後の体制変化の中で公選教育委員会は、昭和三十一年に任命制へ変更されて今日に至っている。

公選教育委員会の制度化は、昭和二十一年三月三十一日提出の「第一次米国教育使節団報告書」がそのはじまりであった。また、教育の民主化を求めて、教師・父兄・児童が一体となって学校運営に当たる教育組合の運動は、昭和二十年の暮れから動き出していたことが今日までの研究で明らかにされている。

東京都西多摩郡成木村（現青梅市成木）で昭和二十一年三月に創設された教育委員会（教育振興委員会とも称する）は、この段階ですでに村の青年団や青年学校を含む村の教育全体を運営する組織として運営されていた。

これは、従来の教育委員会についての歴史の通説を覆す存在と考えられる。戦後民主主義および戦後民主主義教育が問題にされるとき、米国によって〝与えられた民主主義〟という観点からの論議がされるが、この問題についても成木村の教育委員会は一石を投じるものであろう。

二 「希望乃碑」と教育立村

現在、青梅市立第八小学校（旧成木国民学校）の校庭の一隅に「希望乃碑」が建っている。この碑は、昭和二十一年（一九四六）五月に建立された。碑文の撰ならびに書は、昭和二十年三月に成木村下成木の伊藤栄一宅に疎開してきていた早稲田大学五十嵐力博士による。

希望乃碑

成木村希望乃碑

多摩の成木には青垣山四方を周りて成木川この間を流れ或は瀧澤瀬をひはたく或は銀蛇遠くねりしてあまねく国土を肥し麥生藷生を始めとして田なつ物青物四季を通じて緑の美観を絶やさず民俗純撲にして生業勤しみ公事に儘し私事に譲り殊に子女を愛しミて望みをその将来に懸く名刹安楽寺に杉銀杏欅の三巨木ありいづれも千年の老樹にしてあるひは針葉常磐の壮観により或は潤葉黄緑の美観により

希望乃歌

て雲を凌ぎつつ郷人の志氣を鼓舞す實に老樹は国の宝なりて而して淮木蔬菜花卉の類うらわかき色彩をその間に点綴し新陳交代せしめてのヒトの世の理想の両端を暗示す若き農村成木の長へに伸び長して成木する将来や実に頼もしといふべしこたび我か成木国民学校増築の功を竣ふるに当り特に高遠の希望を掲げて村の将来を頌ふ後に来たる者よく奮励努力せよたけ高き行手を望ミつる日々をいそしむ我が成木かも山めぐり川うるほして成木野の麥生薯生は縁次ぎ継ぐ

　　昭和二十一年新緑萌えゆる五月ついたち
　　　多摩の成木に疎開せる折
　　　　文学博士　五十嵐　力　撰并書（花押）
　　　　　　　　　　彫刻　新井金次郎

当時は、この碑文の二首の歌を歌詞にして、「希望乃歌」が作曲されて歌われていた。

碑文は昭和二十一年十二月十三日に除幕式が行われたが、

年が明けた昭和二十二年（一九四七）一月十一日、五十嵐博士は七十四歳で死去した。五十嵐博士の死去を悼む記事を載せた成木村役場発行の村報『たちば』昭和二十二年二月号には、「先生の撰並びに揮毫を得て『希望乃碑』を建立、教育立村に立ち上った本村にとって」と書かれていて、「希望乃碑」の建立が、成木村の「教育立村」政策の象徴であったことを知ることができる。

三　成木村村報『たちば』について

筆者が成木村の教育委員会についてはじめて知ったのは、平成二年（一九九〇）に、多摩川流域史研究会の研究活動の一貫として、東京都青梅市立郷土資料館所蔵資料の調査を行い、青梅市に合併される前の成木村の村報『たちば』の綴をめくり、その中に「教育委員会」の記事を見つけたときであった。

成木村の教育立村と教育委員会を考える材料としては、村報『たちば』以外に検討の材料がほとんどない。しかし、『たちば』の記事からは、どのような考えで当時の成木村行政が行われていたかを知ることができる。『たちば』創刊号の昭和二十一年三月号の巻頭の文章には、民主主義に立脚しようとする新しい村の基本姿勢が明確にされている。

「村報の発行に就て」

日本が真に平和を愛好する民主的な文化国家として正しく新生するには、国民各自が積極的に一国文化の水準を向上せねばなりません。（中略）今度村に於いては、皆様の建設的意見に基いて、「村報」を発行することに決意致しました。皆様の立場、村の立場、お互いの立場、立場立場を理解尊重協力し合い度い念願から、名称を「たちば」と致しました。（中略）民主主義とは、お互いの立場を理解し、尊重し、お互いの利益の為には心から協力し、ここに全体としての「よりよい」生活を造り出すことだと考えます。

それぞれの立場を認め合うことを民主主義の基本とし、そこから村報の名称を「たちば」としたことに、民主主義の高い理念が村報発行にあったことを知ることができる。月刊村報『たちば』は、民主主義の理念の実行と村民を結びつける重要なメディアであった。『たちば』は、青梅市立郷土資料館に昭和二十三年四月号までが保存されており、また、昭和二十八年九月号と推定されるものが成木に存在していることが確認できる。

ここでは、昭和二十一年三月号から昭和二十三年四月号までの『たちば』の記事の見出しを掲げ、成木村がどのように民主主義を実践しようとしていたかを概観しておきたい。

昭和二十一年

〈三月号〉　村報の発行に就て　農業会の役員改選　村の教育振興について　食料状況と馬鈴薯の植付　甘藷の苗　政談演説　地方事務所からの感謝　村民の声及それにお答へ　お知らせ　今月の村内主な行事

〈四月号〉 選挙！ 投票 今月の村民申合せ事項 時間の励行 村の教育振興 系統組織今月の実践事項 村民の声及それにお答へ 手足をよく洗いませう 電熱苗床の経過 甘藷苗床品評会 麦の手入と赤サビ予防 今月の主なる行事

〈五月号〉 食糧危機突破へ！ 総選挙を顧みて 今月の村民申合せ 上成木国民学校後援会の発足と成木村教育委員連合後援会 系統組織団今月の実践事項 村民の声及それにお答へ 女のたちば 甘藷苗床設置者の皆様へ 食用野草二十種 青年団図書室の為に お節句の映画会 求む！給仕・新聞配達人 今月の主なる行事

〈六月号〉 食糧危機突破へ挙村一体！ 今月の村民申合せ事項 村政の民主化！ 立木の返還と寄付 市川さんの植分山林寄付 自治団の動き 村民の声及それのお答へ 新聞配達員決定 甘藷苗床品評会受賞者 今月の主なる行事

〈七月号〉 食糧危機未だ去らず！ 心せよ！ 今月の村民実践申合せ事項 第二次選挙を顧みて村民の声及それにお答へ 自治団の動き 農業会瓦斯新工場の開設 投稿歓迎 簡易で最も能率的な蝿取器 今月の主な行事

〈八月号〉 終戦一周年を迎ふ！ 村民大会に於ける第二次施策要項 煙草の配給と民主主義 戦時補償の打切と敗戦の惨苦 巷の声と答 自治団の動き 村の指導者と与論 今月の主な行事

〈九月号〉住みよい村の建設に物故村長の遺徳を生かさう　九月の村民実践申合せ事項　成木青年の奮起を望む　巷の声とお答　洋裁講習会に出席して　自治団の動き　家庭の主婦の皆様へ　今月の主な行事
〈十月号〉吹上峠の改修　働き乍ら勉強！　よい村民となるために青年学校生徒の蹶起　十月の村民実践申合事項　木材生産態勢の確立　成木木工株式会社発足　甘藷堆肥水稲品評会開催　選挙管理委員会　嘱託松浦鎌蔵氏転居　福生病院開業　自治団の動き　巷の声とお答え　『バス』高水山下まで延長　観光的にみた成木の夢
〈十一月号〉新憲法制定　十一月の村民実践申合せ事項　都民税・村民税賦課査定委員会　品評会成績審査報告　村会議長及副議長の選任　村民の声にお答　自治団の動き　第十一代村長阿部善次郎殿御逝去　町村競争運動会　選挙人名簿縦覧　今月の主なる行事　椎茸栽培のお奨め
〈十二月号〉村上村長を送る　寄付受付のお知らせ　今月の村民実践申合せ　農地委員候補者推薦会の運営　今月の主な行事　診療所医師着任　村会議長及副議長改選　お知らせとお願い　自治団の動き
　昭和二十二年
〈一月号〉うれしき此の送迎（五十嵐力）　薪炭増産「宝くぢ」　新しい平和な村の建設は教育の

力で　新年を迎へて「やりたい」と思うこと　吹上峠の改修　初級中学の建設　電話網の設置　保険事業の充実へ委員委嘱　郷土史の編纂　村民の声及お答　自治団の動き　薪を都民に送りませう　今月の主な行事　村公益事業には何がよいか？　食料の計画消費をいたしませう

〈二月号〉五十嵐先生の御逝去を悼む　五十嵐先生の御霊前に捧ぐ　委員会制の運用について　二月村民実践申合せ事項　村民の声とお答へ　下級中学校建設に就て　自治団の動き　第一回保険委員会決定事項　二月の主要行事　婦人会の内職授産事業に何が良いか？　文芸（俳句）　寄付受付のお知らせ

〈特　報〉三多摩振興座談会に於ける西郡代表木崎助役の意見

〈三月号〉予算から見た村のたちば　三月村民実績事項　収入役の更迭　清水書記の栄誉　植林準備は良いでせうか　村の声とお答　成木文化会の発足　三月の主要行事　選挙投票区設置　自治団の動き

〈五月号〉都議会議員就任に当たりて　村会議長副議長並監査委員　都議選を回顧して　村会議長挨拶　村民の声とお答　木崎都議の後続部隊を作れ　五月の主な行事　村立診療所のお便り　成木中学校開校　北小曽木校長更迭　村内電話の開通

〈特輯号〉部落会・隣組廃止に伴う村の行政措置について　たちばの強化　上成木校電話開設に対

する電柱寄付　木崎都議立候補政策の概要
〈七月号〉供出を完遂いたしませう　伝染病隔離病舎新築について　ボロ回収について　第二回臨時都議会を顧みて　今月の主なる行事　公聴会の運営
〈八月号〉終戦第二年を迎えて　村民大会の開催　青年団夏季講座開く　文化会夏季講習会開く　木崎村長国民健康保険理事長に就任　農地改革農業協同組合設立準備進む　村民の声及お答　診療所に特殊薬局を　村有林の下刈り　今月の主な行事
〈十月号〉水害と植林　学校職員宿舎の完成　新制中学校舎上棟式挙行　薪炭供出と村の方針　村民の声及それにお答へ　中部青年優勝　役場内業務分担の変更　西多摩郡役場農業会職員運動会　今月の主な行事
〈特輯号〉水陸稲及甘藷の供出割当について
〈十一月号〉村財政の状況について　追加予算審議を終へて　甘藷供出完遂を感謝する　赤十字社寄付金受付のお知らせ　成木中学校建築視察を受く　村民の声及お答　西多摩郡役場農業会職員運動会　今月の主な行事
〈十二月号〉東京都の財政状況について
昭和二十三年
〈一月号〉新春を迎へて　貯蓄組合現況　村民の声及お答　都議会より　甘藷の供出配給価格はこ

ん な内容で差がある　素人のど自慢大会その後　今月の主な行事

〈二月号〉教育祭（村立中学校舎落成式）中学校舎建築の意義と今後　村財政及都政座談会の開催

教育委員会の運用　学校住宅建設補助金交付される　村民の声とお答　薪作り大会入賞

麦類馬鈴薯増産及甘藷苗床講演会　東京都の財政概況　今月の主なる行事

〈四月号〉本年度に於ける村予算の概要　村予算審議に際して　植樹運動の実践　東京都の頭初予

算について　村民の声及それにお答　農業協同組合の発足　農業技術研究会の発足準備

進む　勤労青年の教育施設研究始まる　国民健康保険組合負担金増額決定　成木中学校

舎落成祝句集より　お知らせ　今月の主なる行事

『たちば』の記事見出しを分類してみると、以下のようになる。一番多い項目は、村政に関わることで二四・〇％、二番目は公報の一八・九％、そして三番目に教育文化に関することが一二・〇％であった。そのほかの項目で一〇％以上のものは、自治団体に関するものが一〇・六％、食糧と薪の増産供出関係が同じく一〇・六％、保険衛生、都政、その他はそれぞれ五・一％、国政が四・六％、山林植林関係が四・一％であった。

記事見出しから見ても、成木村の村政の民主主義化にとって教育文化が重要視されていたかがわかる。成木村の村政の民主化は、「民主化の根本は自治からでなければならぬ」とされ、村民の自治団体が村政を支える役割を果たしていた。図6に示した「村政概要図」と図7の「成木村教育機構図」を見ると、

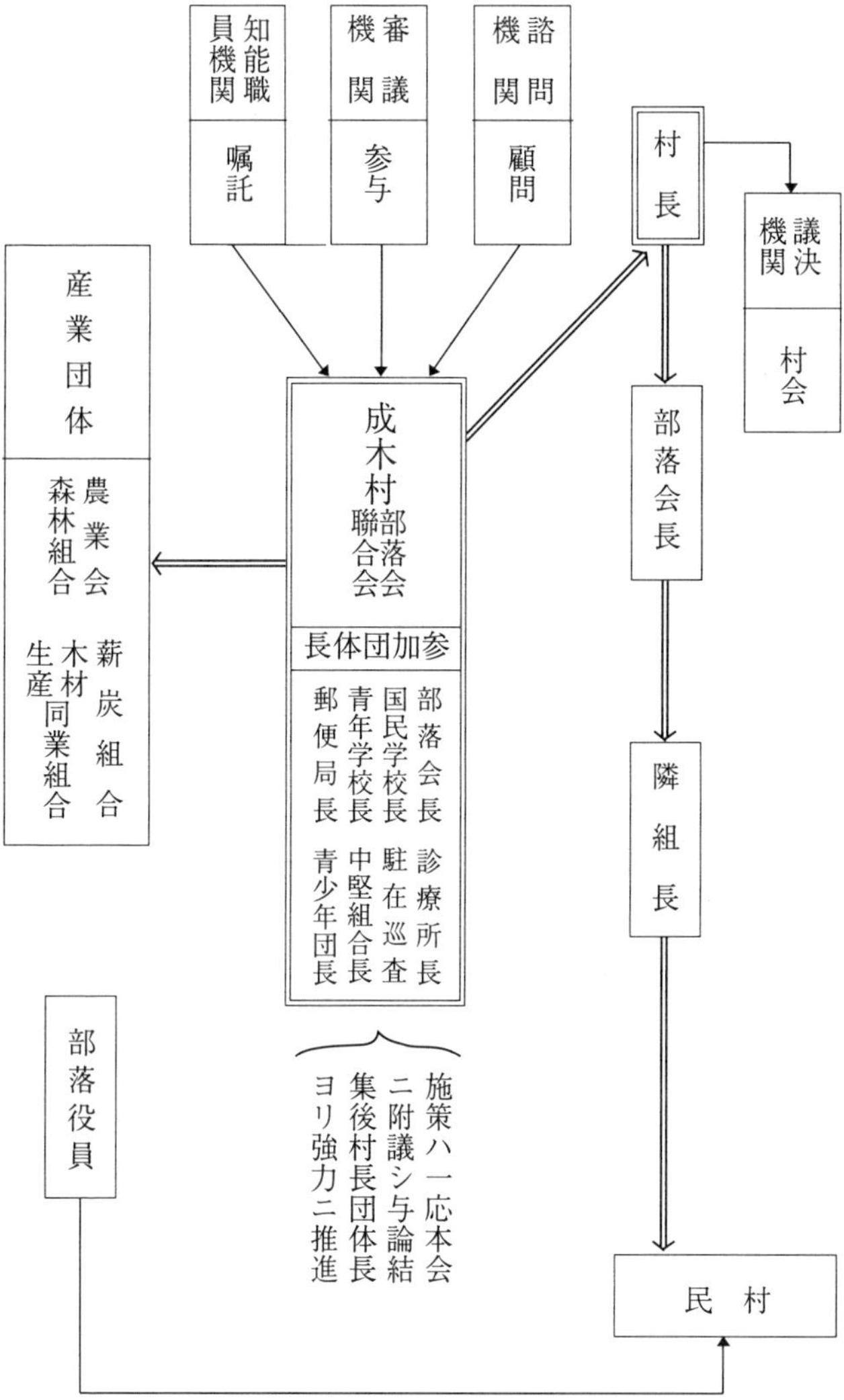
知能職員機関
嘱託
審議機関
参与
諮問機関
顧問
村長
議決機関
村会
産業団体
農業会
森林組合
薪炭組合
木材同業組合
生産
成木村
部落聯合会
参加団体長
部落会長
国民学校長
青年学校長
郵便局長
診療所長
駐在巡査
中堅組合長
青少年団長
施策ハ一応本会ニ附議シ与論結集後村長団体長ヨリ強力ニ推進
部落会長
隣組長
村民
部落役員

図６　成木村村政概要図

村政の中核に部落会長・国民学校長・青年学校長・郵便局長・診療所長・駐在巡査とともに、中堅組合長・青年団団長が位置されている。また、教育機構図においても農業中堅組合・農業青年団・少年団の系統組織が、国民学校は少年団、青年学校は農業青年団、農業中堅組合は教育委員会と連絡されていて、村政を自治団体が支えていたことを知ることができる。たとえば、昭和二十一年（一九四六）四月の「系統組織今月の実践事項」に、農業中堅組合と農業青年会の産業講演会があり、少年団に食用野菜の採集があるように、食糧増進なども自治団体が実践したことがわかる。

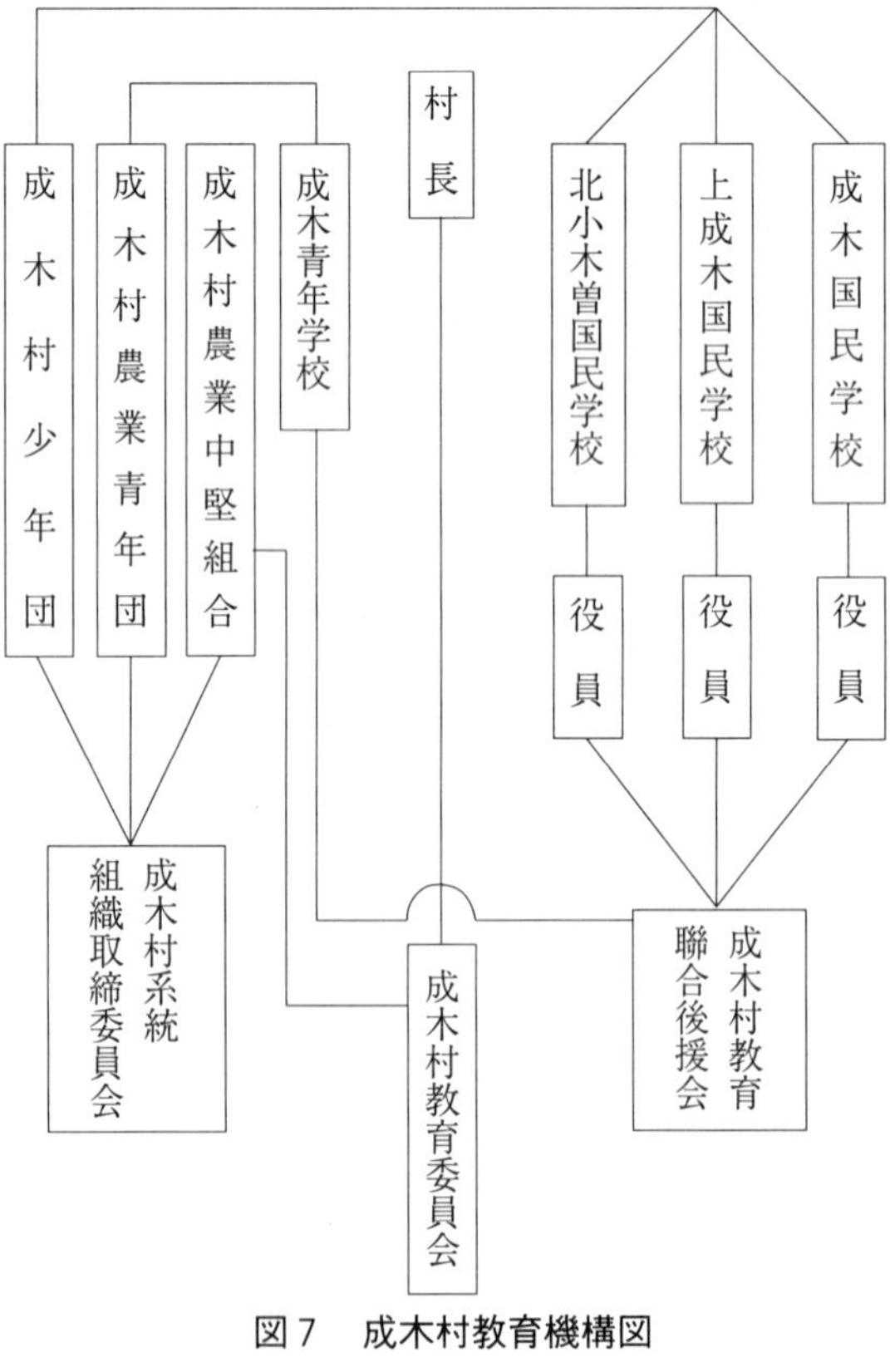

図７　成木村教育機構図

四　成木村「教育委員会」について

成木村において、教育委員会が村議会に議案提出されたのは、昭和二十一年二月二十八日であった。残念ながら「昭和二十一年村会議案並議事録綴」には、教育振興第一次計画の具体的な案は別紙とされ、この別紙が議事録に綴られていないので、その計画の詳細を知ることができない。予算の議案を見ると、村予算全体は七万一〇二〇円であるが、教育振興第一次計画に対して、前年度二七〇円が一〇〇〇円に増加されている。

はじめての教育委員会が開催されたのは、昭和二十一年三月二十一日であった。はじめての教育委員会を報じた『たちば』の記事には、

しっかりとした村の発展の為には是非共村の教育方面をつよめ、ふるひたたせねばなりませんので、今度委員が選ばれて、国民学校・青年学校をはじめ、村民全般や中堅組合とか青年団とかに到るまで、それぞれの立場を十分研究して、大いに改善していくことになりました。国民学校の教育は其内でも、特に必要で此頃のむづかしい世想で私達の子供の教育を先生のみに委すのは無理です。先生の立場も尊重し、出来るだけよく応援し、先づ国民学校の方面から力を入れて行かうではありませんか。

とあり、村民全般や自治団体、先生との連携で、国民学校をはじめ青年学校の教育に当たろうとする教育

委員会設置の目的が書かれている。

この第一回の教育委員会では、当面の課題として、

◆国民学校教育援助

後援会の強化と村後援会連合会の運営。

母の会の成立。

教育委員を始めその他有志は随時授業を参観すること。

先生の立場を理解し応援に努むること。

観賞及表彰制度の設置（生徒に対して）。

尚村の教育に一貫性を持つ為に校長先生の間の連絡会議の外職員の間でも研究会等が適時実施されることになりました。

◆青年学校の教育援助

将来村立青年学校として村の中央部に新設すること。

青年団の側面援助を得て充実して行くこと。

父兄及雇用主に対する理解を求めること。

文庫及娯楽機関の設置。

●選挙教育の村民対策

部落会連合会を通じて皆様の御承知の通り与論の醸成と啓発とに努む。

診療所医師が分担して国民学校青年学校の生徒諸君を対象として実施。

妊婦さんや育児については特別に部落教育を実施すること。

●衛生教育

などが、課題としてあげられた。

四月二十七日に上成木国民学校に後援会が設置され、全成木村の国民学校に後援会が成立したので、後援会連合会が結成された。また、青年団では図書室を設置していて、課題の実践が行われていた。

終戦一周年の八月十五日には、国民学校において村民大会が開催され、第二次施策が決定された。その要綱によれば、封建思想の打破と政党の自由と自治、明朗な気風作興への与論指導、村民による村政の確立、食糧政策、森林資源の造成と開発、村民の健康と文化施設の設定、失業対策、交通開発、農業会を中心とした投資とともに、第三番目の項目として、教育の正否は民主主義建設に直接影響が大きいから機構を検討改善して特に社会教育施設を講ずる、とあり、とくに社会教育施設を重視している。社会教育施設の具体策としては、『たちば』昭和二十一年九月号の「巷の声とお答」欄の青年学校教育について積極的な考えをという声に対して、「公民館設立を機会に独立させるがよいと考えている」と役場は答えている。

『たちば』昭和二十一年（一九四六）十月号には、「青年学校が十月から昼間集合教育が実現すると云う。然かも、生徒の自主的な動きで決定を見たことに、期待が一段と大きい。学科も従来と根本的に変更して村の産業や特殊の事情と結びつけた良い村の青年となるためのものに決定されたと云ふ」とあり、成木村の教育振興が働きながら学ぶ青年学校に期待され、青年団の協力が求められた。

教育委員会の記事が『たちば』に次に見られるのは昭和二十二年（一九四七）一月号で、第四回の「教育振興委員会」において決議され、年末の村会で提出議決された記事である。この教育委員会での決議は、先生の待遇改善と初級中学校の二件であった。また、教育委員会の席上、委員の提案によって郷土史の編纂が決定され、一月十二日には郷土史編纂の初委員会が開催されることが、同じ一月号に報じられている。

『たちば』昭和二十一年二月号には、村政の民主化を期して各種委員会の再編が行われ、民生委員会・保健委員会・教育委員会・土木委員会、それに臨時的に初級中学建設委員会・郷土誌編纂委員会が置かれたことが伝えられている。村会の委員会構成は、昭和二十二年五月号では、地方制度改正によって、総務委員会・民生委員会・教育委員会・経済委員会・土木委員会に変更された。ここに示された委員会は村会の中の常置委員会であり、教育委員会もその中の一つである。しかし、成木村の昭和二十一年三月二十一日にはじめて開かれた教育委員会は、村会の常置委員会ではなく村民が直接参加するものであったことが、六・三制の新制中学校である村立中学校の昭和二十三年三月十五・六日の落成式を予告する左記の『たちば』昭和二十三年二月号に明らかである。

教育委員会の運用

村では終戦後直に教育立村を目標に教育委員会を組織して村の教育体制を整備して参ったことは村民

各位の周知の通りでありますが、その後国家に於て教育委員会法ができるとのことで一時具体的組織を見るまで休止の状況をとって来ました。然しながら村内に中学の建設も出来上がり愈々村の教育の在り方について村民の立場でも充分検討せねばならないことを痛感させられるのである。

勿論村会に教育委員会として在る以上この議決機関を重視することは言うを待たない所であるが、広く村内に教育への関心を深め真の教育立村たらしめる為には村相当多人数を以て組織する従来の教育委員会の存続を希望すると言う声が強くなってきたことは亦必然的な意見と考える。

議決機関に付議する前に理事者の諮問機関として広く与論を結集することに本委員会の使命があると信ずる。

国では大体市以上に教育委員会を設け町村には委員会を設けず都道府県委員会に直属させるという構想のようである。

国から指示される前に民主的に生れたこの委員会を新しい構想で存続して一段と教育振興に寄与せしめたい。

村会の委員会としての教育委員会ではなく、村相当多人数によって組織された教育委員会が別途存在し、これは終戦後すぐに組織され、国の教育委員会法の議論を受けて一時休止していたが、六・三制の実施に当たり新たな役割を認め存続されたことが記されている。

教育委員会が存続されたことは、昭和二十三年（一九四八）三月二十五日に青年学校が廃止され、その後の勤労青年教育施設、とくに定時制高等学校の設置がすぐには困難な状況で、それに替わる施設の研究を村内教育委員会・各校職員・青年団などの間で行われているのが報じられていることによってわかる。

五　成木村教育委員会

戦後教育史研究における教育委員会研究は、GHQと文部省の動き、教員組合活動の二つの面から行われてきた。

GHQは、昭和二十一年一月にアメリカ本国に教育使節団の派遣を要請した。四月に出された使節団報告では、公選教育委員会を設けることが勧告されていた。一方、文部省は八月以降、全国八学区に分けた学区ごとに大学が教育行政権をもつ大学区制を考えていた。教育使節団報告を受けたGHQの教育政策を担当したCI&Eは、日本の教育の民主化を実現するために、教育の国民への責任を重視し、公選教育委員会を必至と考えていた。

昭和二十二年十二月以降、教育委員会をめぐるCI&Eと文部省の交渉は本格化し、昭和二十三年六月、CI&E案を基本に第二国会に法案が提出され、日教組の法案闘争もあって、現職教員に教育委員会の被選挙権を与えることなどが修正されて、七月に教育委員会法は公布施行された。同年十月、都道府県・五大都市・二一市・一四町・九村において教育委員の選挙が行われた。第二回の選挙は昭和二十五年十一月、前回の選挙の半数改選と一五市の選挙が行われ、昭和二十七年十月には、四六都道府県・六三市町の半数改選、十一月は九九〇五の市町村・区・組合の選挙が実施された。しかし、自由党・文部省を中心に教育委員の公選制に対する反共警戒心から、自治体首長による任命制への制度変更の動きが出てきた。そして、昭和三十一年六月の国会において、地方教育行政の組織および運営に関する法律が成立し、教育委員は任命制に変更された。

一方、教員組合運動から見ると、昭和二十年十二月頃から東京の世田谷の塚戸国民学校で教職員の選挙による代表と校長・教頭による学校委員会が実現され、父母と教職員の共同による給食委員会が設けられた。この学校委員会の構想は教員組合運動のなかで、昭和二十二年の二・一ゼネストの準備段階で父兄・教師による学校委員会の組織と、労働組合との連携による区内教育委員会の推進が運動目標とされた。この教育組合運動は、公選教育委員会制度に対して、公選制が地方のボス的支配の中では教育の官僚制化につながるなどの問題点を指摘したが、結果としては教員組合から積極的に委員を送り込もうとした。

以上が、終戦から昭和二十三年七月の教育委員会法成立時までの従来の教育史研究の成果の概要である。これに対して成木村の教育委員会は、そのはじまりがまだ教育使節団報告書の提出される以前であり、教員組合運動においても学校委員会がまだ運動の綱領となる前であった、昭和二十一年三月にすでに創設されている。したがって成木村の教育委員会は、ＧＨＱや教員組合運動とはまったく別個の考えから独自に創設されたものと考えられる。さらに、前記した『たちば』昭和二十三年（一九四八）一月号の記事に、国の教育委員会法制定の事情を横目で見ながら、自らが創り出した教育委員会を再び動かしていこうとしているることが書かれている。成木村の教育委員会は、GHQや文部省、また教員組合運動とも違った独自の動きであったのである。

ここまで、昭和二十一年三月に創設された成木村の教育委員会が独創的なものであることを指摘してきた。しかし、基本的な以下の諸点が未解明である。

一、成木村の教育長で、教育委員会創設時には助役として、また『たちば』の編集責任者でもあった木崎茂男が、成木村の教育立村政策の中心人物であったが、どこから教育委員会の思想を得ていたのか。

二、成木村独自の教育委員会の委員は、具体的にどのような方法で選出されたのか。

三、青梅市立第七中学校（旧成木中学校）三十周年記念誌の『成樹三十年』（一九九七年刊）によれば、成木村に教育委員会法による教育委員会ができたのは、昭和二十七年（一九五二）十一月の同法改正によるとある（同書二九頁）。また、同書収載の「PTA略史」には、成木中学開設当時に後援会が組織され、昭和二十四年三月に西多摩北部中学校PTAが設立されたが、PTAには財政がないので、部落ごとに教育振興資金を割り当てるために、昭和二十四年七月十六日に「成木村教育振興会」の結成が準備されて発足したとある。この教育振興会と以前からの教育委員会との関係はいかなるものなのだろうか。

戦後の成木村が民主主義に立脚した村政をめざして、教育に民主主義の実現の基礎を置き、教育立村を標榜して五十嵐博士の文による希望乃碑を建立し、独自の教育会を設置して具体的な政策を村民の「たちば」にたって遂行した。その際に、一つの特色として部落会の中堅組合や青年団・少年団・婦人会などの戦前からあった団体を改編した自治団体がそれを支えたことは、ＧＨＱや文部省また教育組合運動にはない側面である一方、成木村教育振興会において教育振興資金が部落ごとへの割当てになったことに見えるように、一つの限界でもあったと考えられる。

六　戦後青年団の動向

終戦から八ヵ月後の昭和二十一年四月二十三日、東京都福生市熊川で江戸時代からの酒造家で戦前は西多摩郡青少年団長を経験した石川真作の家に、熊川青年会の正副分団長以上が集まり打合わせ会が開かれた。打合わせ事項は、二十五日に予定されるＧＨＱ民間情報部教育部長オール少佐の視察の件であった。二日後の二十五日木曜日午後六時半、視察団一行が到着した。女子部がお茶の接待をし、団長の指導のもとにいつもの行事を行った。まず読書会から入り討論会を行った。討論のテーマは三つあった。

一、日本の敗戦の原因は何か？

敗戦の原因はいろいろあるが何といっても道義的に負けていたということが根本だった。

二、再建の方途如何？

第一に民主主義をしっかり身につけること、第二に食糧問題である。

三、食糧増産の方法如何？

①開墾の徹底　②土壌の研究　③科学の研究　④肥料の問題などであろう。

また、何といっても私たちがあらゆる努力を傾注すべきである。そして不足の分は他国より補給してもらうより方法がない、という結論であった。

討論会が終ると、集団娯楽としてゼスチャーを行った。後は合唱と舞踊で行事を終った。GHQの熊川青年団視察の記録を書き記した福生町青年団長森田正の「備忘録」には、続いて、

今日の視察は日本全国青年団を代表しての外交であった。永久に忘れることの出来ぬ日であろう。ピッカリング大尉は語る。「今日は私の誕生日です。皆さんの歓迎を心から喜ぶものである。アメリカでは青年団はビルディングの一室を借りて其処に集まりダンス等をやる。今迄のやうに上から強ひられるのではなく自分達で新しいものを作り出して行くと云ふことが大切である。農夫が一生懸命働いてゐる。その働いただけの報いが村の稔り（「と」脱）なって現はれて来るのです。今皆さんがやった楽しみながら勤労に従事し、又、討論会と云ふようなことは大いに行ってほしい。今日はほんとに嬉しい、ありがとう」と結ぶ。

とあり、GHQ担当者がクラブとして青年団を認識し、好意的に解釈してくれたことがわかる。

このときの熊川青年団側の出席者は約一〇〇名が集まった。この視察について、日記を書いた森田正は「外国人と握手すること二回。あ、終戦当時の気持と今の気持ちはどうであろうか。握手等は夢にも思って見たことがなかったのに。胸奥にひそんでゐた反感的な気持が一片にふっとんでしまったようだ。これで自身民主化になれそうだ」と、心境を書き残している。

この熊川青年団へのGHQの視察は、GHQに青年団というものを理解してもらい、軍国主義に協力した団体として禁止されるのを防ぐための企画であった。企画者は日本青年館の総務部長であった熊谷辰治郎であり、戦前からのつながりで石川真作に協力を求め実現し、ピッカリング大尉の感想のように見事に成功し、地域青年団は存続した。と同時に、戦後地域青年団活動の基本となっている民主主義・平和主義が流れ出す源を、青年たちの心の動きの中に見出すことができるだろう。

GHQの熊川青年団視察のときの討論をNHKラジオ放送で行うことになり、五月八日朝六時から「青年の時間」で放送された。また、十三日には、石川真作が「村民と青年達」と題してラジオ放送した。

七　日本青年団協議会の成立

昭和二十一年（一九四六）四月二十五日のGHQの熊川青年団視察の翌月、日本青年館事務局長の横山祐吉は青年思想問題研究会に関する打合わせのために、オール少佐を放送会館の民間情報教育部に訪ねたとき、新しい青少年部長として会ったのがダーギンであった。日本に三〇年も住み、ＹＭＣＡの指導者として青少年教育にも熟知していたダーギンが青少年部長となって、日本青年館が地方の青年団とＧＨＱとの中間における連絡役を果たし、その調整を通じてダーギン部長への信頼が増していったといわれる。

各地の青年団は復活の動きを見せ、七月十九日から三日間、渋温泉において第一回全国結成県団幹部懇談会が開催され、群馬・奈良・広島・鳥取・東京・長野の県団が集まり、新しい青年団のあり方が議論された。この懇談会で、新しい県団はかつての大日本青少年団のように都市団や町村単位団を指導統制するものではあってはならず、また事業団体でもなく、あくまでも民主的な横の連絡機関であるべきこと、青年団と政治活動の問題では、青年団は政治運動には直接参加しないで、政治に青年の意見を反映させることのみにとど

日本青年団協議会第１回理事会（昭和26年、愛知県商工会館。日青協結成）

全国青年問題研究会分科会（昭和30年代前半、日本青年館）

めて、そのかわり政治教育を徹底して政治を若返らせることが必要である、などが話し合われた。

第二回の会合は「第二回全国青年団体連絡協議会」として、奈良県の吉野町において十一月十六日から十八日にかけて開かれたが、軍政部から大会開催について好ましくないとの圧力が加わり、開催は危ぶまれた。だが、ダーギン青少年教育部長や日本青年館の奔走で開催にこぎつけた。九県団と未結成の一一県代表に、ダーギン部長や西部情報教育部・奈良県軍政部らの進駐軍側も出席して開催された協議会では、

○青年団員の年齢は無制限とすること

○男女一本の青年団とすること

○青年団長が政党の党籍をもつことは好ましくないなど、今日までの地域青年団のあり方の基本的な考えが決められた。

昭和二十二年五月三日、主権在民・戦争放棄・基本的

人権の尊重を基本理念とする日本国憲法が施行された。憲法に先立ち、四月朔日には教育基本法および学校教育法が実施され、六・三制義務教育の新しい学制となり、国民学校を小学校に、旧国民学校高等科は年限を一年延長して新制中学校とし、ここまでを義務教育とした。旧制中等学校は入学を停止して、男女ともに在学中の三年生以下は新制中学生と同等とする。また、旧制中等学校四年生は新制高等学校の一年生とし、全日制三年・定時制四年の新制高等学校に改編された。青年学校は、普通科と本科一年が新制中学校に移行吸収されることになり、生徒の入学が停止され、昭和二十三年度末をもって廃校とされた。最後まで在籍した生徒は、それぞれの年齢と学力に応じ、廃止が予定されている旧制中等学校や昭和二十三年度発足の新制高等学校に編入された者も少なくない、と指摘されている。

第１回中国訪問日本青年団協議会代表団（昭和31年、北京飯店）

前記した独自の教育委員会をもった成木村の小学校の宿直日記によれば、日誌の青年学校の欄には、毎日「今日も生徒来ず」という記述が連続している。青年学校はその制度の変更如何を問わず、戦後の教育制度の改編の中で、すでにその実態を失っていったとも考えられる。そして、義務教育終了後の勤労青年の教育は、定時制高等学校・企業内教育とともに、地域青年団が青年学級などの活動を通じて多くを担うことになった。

昭和二十二年五月から七月中ごろにかけて、日本各地で文部省とGHQ民間情報教育部（CI&E)の共催で、社会教育研究大会が開かれ、パネルディディスカッション・会議の開き方・プログラムの立て方・クラブ組織と委員会・民主的な会則の作り方などの、運営技術が、アメリカ流の社会教育プログラムとともに伝授され、青少年団体の活動に影響を与えた。CI&Eの指導助言の中心であったダーギン部長が病気静養のために同年六月に辞任すると、後任にはタイパーが就任した。タイパーは、前述のごとく、IFELの活動などを通じて、日本の青少年活動と国際活動への復帰に活躍した。

戦争中からはじまったアメリカとソビエト連邦の東西対立は、昭和二十二年三月に共産主義の封じ込めを意図したトルーマン・ドクトリンが発表されると厳しくなり、アメリカの対日占領政策も変化した。こうした国際環境の変化は、地域青年団へのCI&Eの政策にも影響し、前記したごとく、タイパーの指導により、日本の青少年団体は西側の立場に立った国際復帰をWAYへの参加として実現していった。

第十章　「青年」の喪失

一　「青年」の衰退

朝日新聞データベースによって、昭和五十九年（一九八四）から平成十三年（二〇〇一）までの「若者」「青年」「青少年」という言葉が毎年の紙面にどのくらい登場するのか、その頻出数に注目したい。ただし、頻出の絶対数は、全国版だけのデータであったのが次第に地方版が加わってくるので、三つの言葉とも平成十二年まで頻出数は上昇している。たとえば、昭和五十九年に「若者」三八四、「青年」三五一、「青少年」一五三であったが、平成十二年には「若者」六九三四、「青年」四二二七、「青少年」二七七二であった。平成十三年は、それぞれ六〇八五、三八一五、二二〇三とやや減少している。この間の明確な数値の変化は、昭和六十三・四年（「若者」一九八九〜二九九四、「青年」一四五三〜二六五四、「青少年」五一三〜八九七）、平成八・九年（「若者」三八七九〜六一一六、「青年」二三三六〜四四二三、「青少年」一一六三〜二四八五）の二つの時期に見える。したがって、昭和五十九〜六十三年、平成元〜八年、平成九〜

十三年の三期に分けて見ると、「若者」四八・五六％～四九・四四％～四七・五四％、「青年」四〇・六％～三五・九八％～三二・〇八％、「青少年」一四・五六％～一五・一一％～一八・七四％と変化している。全体としては、「若者」はあまり変化ないが、「青年」は減少し、「青少年」は増加している。とくに「青少年」は平成八年（一九九六）には一三・八％であったものが、平成九年には一九・一％と急増している。これは青少年の凶悪犯罪、それも残虐な犯罪が目立ち、学級崩壊を背景にスクールカウンセラーの設置、少年法の改正や青少年対策法などの青少年対策が取られたことが背景にあるものと考えられる。

一方、「青年」が減少している背景には、青年の主体であった地域青年団が地域から消えたこと、青年という言葉自体がその示す人間を失ったことがあるだろう。

二 「青年」の喪失と青少年対策

NHKの「青年の主張」コンクールが、「青春メッセージ」と名称を変更したのが平成二年であった。「青年」という言葉が〝喪失〟した象徴的な出来事だろう。

昭和三十年代からの高度経済成長期、昭和三十五年までの五年間のピーク時には地方から大都市への集団就職により、地方の青年となるはずの二七四万人の中学卒業者が地方を離れた。大都市では核家族化の進行、高速交通網の発達によるモータリゼーションの進展、インスタントラーメンに代表される消費生活の変化、テレビなどのマスメディアの発達、昭和三十年には高等学校への進学率は五〇％を超え、大学進学率は二六％と拡大した。文化や人間の価値観の画一化・個人化が進んだ。

『青少年白書』（平成八年版）によれば、この時期の青少年犯罪は戦後第二のピークといわれ、中流階層家庭の非行の増加、都市流入少年による非行犯罪などに特徴が見られた。

昭和三十年代からの青少年非行の増加を重く見た中央青少年問題協議会（昭和二十四年設置）は、昭和四十年九月に、青少年対策および国民の参加する運動の展開を内容とする「青少年非行対策に関する意見」をまとめ内閣総理大臣に具申した。その結果、青少年育成国民会議が発足し、日本青年団協議会をはじめとする青少年団体もこれに加わった。また、昭和四十一年、中央青少年問題協議会の事務局は総理府に新設された青少年局に移管された。青少年局は、昭和四十三年には青少年対策本部と改められた。

昭和四十年代の学生運動とその後フーテンに象徴される社会に対しての無関心な「若者」は、社会から反乱ないし脱出しようとする「若者」であり、明らかに従来の「青年」とは違う「若者」であった。

昭和四十年三月、日本青年団協議会は会長名で「出稼問題に関する要請書」を出した。そこには農業の近代化が進む中で、むしろ農作業を老人や婦人が担うようになり、兼業や出稼ぎがここ一〜二年激増して農村社会が荒廃していることは、農村を主たる存立基盤としている青年団が危機に立たされているとの認識が明確にされている。

昭和五十年代になると、高等学校への進学率が九〇％、大学進学率は三〇％を超えるが、家庭内暴力・

校内暴力といった従来にはなかった少年少女犯罪が起きるようになり、すでに四十年代から問題化していた暴走族の暴走行為が大きな社会問題化した。

一方、地域青年団は昭和五十年代には、決定的な退潮現象を見せるようになり、各地で組織が失われていった。

大学進学率が四五％に達しようとする二十世紀の終わり、地域教育能力はなくなり、家庭・学校が青少年教育を負担することになり、地域での役割をなくした子どもたちは、塾かコンビニエンスストアーにたむろするようになった。

三　青年団衰退の原因

昭和五十年代の前半に伊豆地方の漁村を調査していたときに、「東京から嫁さんをもらったら、若衆宿へは子どもを入れなくなる。塾へ通わせる方が大事だから」という話を聞かされた。明治の時代は、太政官の役人になることが上京した書生・学生の立身出世の道であった。昭和五十年代には、都市の大企業の社員になることが立身出世と考えられ、それを目指した教育投資である受験教育が伊豆の漁村まで浸透し、若衆宿が衰退していった。

また、オイルショックの後、静岡県の青年団の歴史を調べに興津を訪ねたとき、青年団の活動が衰えた理由として、ミカン栽培専業化した農業が、農業の構造変革で夜間も作業しなければならない電照栽培品種をはじめたことによって、その地域の農業青年の青年団活動ができなくなり、地方でもサラリーマンが運動の指導的な立場に立つことが多くなってきたこと、またガソリン代が値上がりして経費の面から活動がしにくくなったこと、をあげてくれた。

現在、調査中の京都府京北町の青年団は、北桑田郡社会教育会が大正八年（一九一九）から発行している『北桑時報』の記事によれば、昭和五十年代に団員の半数がサラリーマンとなって、全体として団員数の減少が問題となっている。そして、一九九〇年代になると、青年団の組織的な活動は失われた。

松本三喜男が書いた『府中青年団史　別冊』によれば、昭和二十年代まで地域のスポーツの担い手であった青年団は、三十年代には学校・企業スポーツが盛んとなって、その影が薄れていった。組織的にも町村合併によって府中市ができると、陸上球技は昭和三十年に発足した府中市陸上競技会へ、野球は野球連盟、柔道は柔道連盟と組織が細分化され、三十三年に府中市体育協会ができると地域の体育振興は一元化された。

東京の府中青年団のスポーツとの関係で見たように、青年団がもっていた地域での機能は、行政が公共施設を整えるのにしたがって次第に失われてきた。たとえば、戦前青年団活動の重要な施設であった青年団の会館は、戦後は公民館に看板を換え、図書館機能をもった青年文庫は、公共図書館が整備されることによって必要がなくなった。

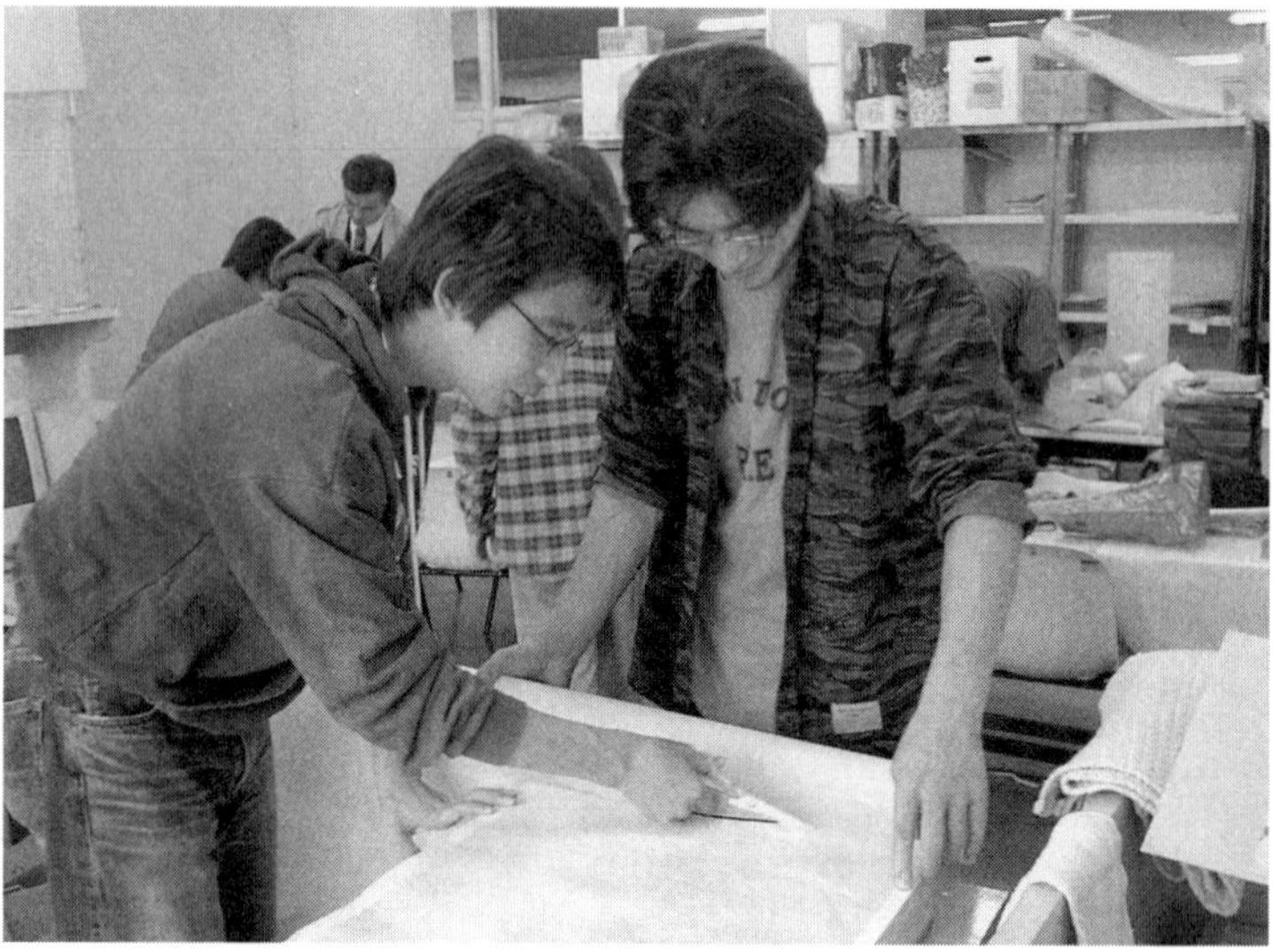

福井県連合青年団と敦賀短大日本史学科学生とのクロスワーキングによる和紙製作（2001年）

公民館は戦後の社会教育施設の中心的な役割を果たし、戦後復興が終り市町村役場の建替えが一段落すると、中央公民館を各自治体が建設した。大きなホールをもつ中央公民館は、施設運営から青年団員が自由にいつでも使えることにはならず、活動は制限され、青年団は独自の青年会館の建設を希望した。

青年会館の建設は、自治体の丸抱え、運営委託、独自建設など多様な形をとるが、自治体の丸抱えや運営委託の館は青年団の独自性を発揮しづらいこともあるし、独自建設の館は経費の負担が運営を難しくしている。

何よりも根本的な問題は少子高齢化社会の到来で、とくに少子化は青年団だけではなく地域そのものの存在を危うくしている。

青年団がなくなっても、伝統的な行事を維持するために青年団以前の「若者」が存在するところは多くある。たとえば、滋賀県米原町では、湯谷神社の祭礼で曳山を引く。曳山は、隣接する長浜市の八幡神社の曳山が、明和七年（一七七〇）に次々と新調されたのに影響されて、同じ年に三輌の曳山を造営したと推定されている。米原の曳山は「山をみるなら長浜、芸をみるなら米原」と称され、規模は長浜よりも小さいが、子ども歌舞伎は米原が盛んであった。米原の曳山は、南町・中町・北町の三つの町の曳山組である「若世話方」で運営された。曳山組で祭礼に関われるのは男子のみで、若い衆と若世話方があった。子ども歌舞伎の執行に関わるのは主に若い衆が担当した。

曳山組の若い衆の組織は、史料の年代と各組によって違いはあるが、十三歳または十五歳から三十五歳までであった。しかし、現在は毎年三輌の曳山のうち、一輌を出すようになっている。これは子ども歌舞伎に出演する子どもの数が減少しているのと、京阪神や岐阜方面への通勤者が多く、地域活動がむずかしいことが原因である。

二十世紀のはじまる明治三十年代に「若者」を否定して田舎まで「青年」が拡大し、近代日本の地域的な拡大とともに青年層の多様化を生みながらも、農村を中心に青年団として全国的に組織された。その拡大は、一方で国際対立に同軌して青年組織の国際対立をもたらした。戦後、青年団は民主主義と平和主義を掲げて運動を展開したが、高度経済成長を過ぎたころから衰退に向かい、二十世紀が終るころ、各地から姿を消している。

地域の青年団は姿を消しつつあるが、海外青年協力隊として海外にボランティア活動をした青年は、昭和四十年（一九六五）の四〇人から平成十三年（二〇〇一）には一一一六人に増加し、応募者は平成十三年に八〇一五人に上っている。ただし、最近の数字にはシニアの派遣も入っている。また、ここ数年、一三〇〇人代であった合格者数が一一〇〇人代に減少していて、これが多くは体力の不足ということが理由だということを聞くと、単なる青年層の減少だけではなく、食物などの環境の影響が若々しい青年を失わせていることも考えなくてはいけない問題であることに気づかされる。また、商工業者の若手経営者団体である青年会議所など、身近なところに「青年」は生きており、氏子青年会は祭りの復活の動きの中で各地の神社に組織され、国家神道の教化場となることの危惧はあるが、全国氏子青年会は大きな組織となっている。

各地で消えつつある青年団ではあるが、山車まつりによって強固に結束した大阪府岸和田市の青年団や滋賀県竜王町の青年団のように、高校生を加入させて勢いのある青年団もある。この高校生団員問題については、在学青年を団員として認めるか否かは、それぞれの個々の青年団の判断にまかせるしかない、という昭和六十二年三月の日本青年団協議会の見解が示されている。その背景には、高校生や大学生の在学青年の組織率の高まりがあり、むしろ在学青年がその中心的存在となっている団もある現状がある。山本瀧之助が学生・書生とは違う立場の田舎青年を主張してから約一世紀、青年団は学生が中心的な存在として欠くことのできない存在となっている。

おわりに――地域の生き残りと「青年」の再生――

北村三子『青年と近代』（世織書房　一九九八年刊）は、近代が生み出した言葉である「青年（せいねん）」という言葉を教育哲学の分野から分析している。北村は、その著書の終わりに、青年は昔からいたわけではない。人が子どもから大人に移行する人生の一時期を青年として過ごすようになったのは、近代以降のことである。近代の青年は、個の自立と価値に本来の生き方を見出し、個の周辺価値は障害と意識した。しかし、一方で孤独であることからくる心の葛藤をもたらした。昭和五十年（一九七五）に十二歳で自殺した中学生の詩を紹介しながら、現代の自分中心の時代において、世界の中心に自分を置くことによって自分が信用できない自分に気づく。子どもは自分の世界と他の世界との分化を、その成長過程において経験していくが、その過程で子どもは自分と世界との繋がりを再び発見していかなければならない。そのための基盤となるのは、表象を媒介する知ではなく、我を忘れて遊びに没頭する経験である。相手が人であれ、ものであれ、それと一体になる。そこに全身的に巻き込まれることに喜びを見出す体験である。

高度経済成長期以前に子どもの時代を東京の下町で過ごした経験をもつ私も、北村の描く子どもの世界に共感を抱く一人である。町内の辻（交差点）に缶を置いた缶蹴り遊びや町内の各所に基地を設けた水雷戦遊び、隅田川や東雲海岸での水遊びや貝取りや魚釣り、時にはやってはいけないと大人から注意されていた筏遊び（実際、同級生が水死した）など、目一杯に遊んでいた。町内の路地という路地は、猫と同じように子どもたちは自由に移動していた。中学生以上でないと舁つげない祭りの大人神輿を早く舁つげるようになりたいと憧れていたし、はじめて中学生になって舁ついで、お神酒を頂戴したときは、何だか急に大人になった気がした。憧れる大人が周囲に大勢いたような気がする。商店や会社の人たちが縁台で楽しんでいる将棋や囲碁も傍らで見ていて覚えた。町内の人たちが踊る宴席での手踊りは、五十歳を過ぎた今になってもその粋な姿を想い出すことができる。

現在、マスメディアやコンピュータ・ゲームによる疑似体験、学校での教科書の中や学生生活、顔の裏側の見えないメル友や同世代の小さな仲間の中で、果たして子どもたちは憧れる大人や先輩を発見できているのだろうか。地域社会における世代の継承は、それぞれの世代が地域社会でもつ役割と仕事を継承することで維持される。少子高齢化によって、地方においては地域の維持そのものが難しくなっている。地域が縮小し規模を維持できなくなる行事が出てくるのはやむを得ない。福井県連合青年団の団員がショッピングモールでの催しで、子どもたちに木や竹を使ったさまざまな遊び道具を一緒につくって遊んでいた。そこには確実に世代の繋がりがあったと思う。

山本瀧之助が志した「青年」が、今日そのまま青年像にはならないが、地域を支え世代を継承しようとする志をもって行動する「青年」は、子どもたちの将来のためにも求められている。

参考文献

序　章　地域の「若衆」と「青年」の現実

多仁照廣「青少年教育の歴史―敦賀市における若者・青年組織の変容と現状―」日本社会教育学会『日本社会教育学会年報』平成十四年度
多仁照廣「福井県下昭和前期青年団団報と文書教育」敦賀短期大学『敦賀論叢』六　一九九一年
大日本連合青年団調査部『若者制度の研究』日本青年館　一九三六年（一九六八年復刻）
多仁照廣『若者仲間の歴史』日本青年館　一九八四年
佐藤　守『日本近代青年集団史研究』お茶の水書房　一九七〇年
藤木久志『戦国の作法』平凡社　一九八七年
古川貞雄『村の遊び日』平凡社　一九八六年
高橋　敏『日本民衆教育史』未来社　一九七八年
瀬川清子『若者と娘をめぐる民俗』未来社　一九七二年
天野　武『若者組の研究』柏書房　一九七八年
岩田重則『ムラの若者・くにの若者』未来社　一九九六年

敦賀市『敦賀市教育史』上巻　二〇〇二年

第一章　「青年」の誕生

多仁照廣『若者仲間の歴史』日本青年館　一九八四年
木村直恵『青年の誕生』新曜社　一九九八年
北村三子『青年と近代』世織書房　一九九八年
河西英通『近代日本の地域思想』窓社　一九九六年
井ケ田良治他『講座青年1青年の発見』清風堂　一九九〇年
国立教育研究所『日本近代教育百年史』教育研究振興会　一九七四年
熊谷辰治郎『大日本青年団史』一九三二年

第二章　青年概念の拡張

多仁照廣『山本瀧之助日記』一～四巻　日本青年館　一九八五～八八年
鹿野政直『資本主義形成期の秩序意識』筑摩書房　一九七二年
大串隆吉「農村青年会運動発生についての一考察―蘇峰と瀧之助をめぐって―」都立大『人文学報』九三　一九八三年三月
寺崎昌男・編集委員会『近代日本における知の配分と国民統合』第一法規　一九九三年
土方苑子『近代日本の学校と地域社会』東京大学出版会　一九九四年

第三章　青年の時代

平山和彦『青年集団史研究序説　上下』新泉社　一九七八年

上田利男『増補版　夜学』人間の科学社　一九九九年
鷹野良宏『青年学校史』三一書房　一九九二年
多仁照廣『修養団七十年史（稿本）』修養団七十年史編纂委員会　一九七六年
多仁照廣「青年団検閲―石川県江沼郡の事例―」敦賀短期大学『敦賀論叢』七　一九九二年
渡邊洋子『近代日本社会教育成立史―処女会の全国組織化と指導思想―』明石書店　一九九七年
寺崎昌男・戦時下教育研究会『総力戦体制と教育』東京大学出版会　一九八七年
齋藤　勇『日本共産主義青年運動史』三一書房　一九八〇年

第四章　移民地の青年

多仁照廣「日本人移民地の青年会」敦賀短期大学『敦賀論叢』十六　二〇〇一年
河田　登『移民の経験記』非売品　一九七四年

第五章　植民地等における青年

王　世　慶「皇民化運動前的台湾社会生活改善運動」『思與言』二九-四　一九九一年一月
多仁照廣「日本統治下台湾の青年団」敦賀短期大学『敦賀論叢』八　一九九三年
大串隆吉『青年団と国際交流の歴史』有信堂　一九九九年
太田弘毅「海軍軍政地域の青年団活動上・下」軍事史学会『軍事史学』一七-三・四　一九八一年
倉沢愛子『日本占領下のジャワ農村社会の変容』草思社　一九九二年
後藤幹一『昭和期日本とインドネシア』勁草書房　一九八六年

第六章　青年の国際組織と対立

大串隆吉『青年団と国際交流の歴史』有信堂　一九九九年

第七章　枢軸側の青年運動の連携

多仁照廣「昭和十三年、上海・青島ヒトラー・ユーゲント日本招待について」敦賀短期大学『敦賀論叢』十一　九九五年
『大日本青少年団史』日本青年館　一九七〇年
中道寿一『ヒトラー・ユーゲントがやってきた』南窓社　一九九一年

第八章　戦後世界青年組織と日本青年団体の国際化

中央青少年団体連絡協議会『(社) 中央青少年団体連絡協議会四十年史』同会　一九九三年
小川利夫・新海英行『GHQの社会教育政策』大空社　一九九〇年

第九章　戦後地域青年団の動向と日本青年団協議会の成立

多仁照廣「昭和二十一年三月創設の「教育委員会」について—東京都西多摩郡成木村の「希望の碑」と戦後民主主義教育—」敦賀短期大学『敦賀論叢』十一　一九九六年
日本青年団協議会『日本青年団協議会二十年史』日本青年館　一九七一年
館史編纂委員会『財団法人　日本青年館七十年史』日本青年館　一九九一年
富田昌宏『若者たちと歩みつづけて』日本青年館　一九九一年

第十章　「青年」の喪失

田中治彦『学校外教育論　補訂版』学陽書房　一九九一年

日本青年団協議会『地域青年運動50年史』日本青年団協議会　二〇〇一年
府中市教育委員会『府中市青年団のあゆみ』府中市　一九九三年
滋賀県青年団体連合会史編纂委員会『あすを呼ぶ　滋賀県青年団50年のあゆみ』滋賀県青年団体連合会　一九九九年

（写真は断りのない限り㈶日本青年館所蔵）

あとがき

昭和五十九年（一九八四）、財団法人日本青年館から『若者仲間の歴史』を出版してから早いもので一八年が経過した。学部の卒業論文からの研究蓄積を一書にまとめ、江戸時代の若者仲間から山本瀧之助が青年団運動を起こすまでの歴史を書いた『若者仲間の歴史』は、日本近世史または社会教育史の上で、重要な文献として望外の評価を得るようになった。研究に着手したころの歴史学会においては、若者仲間の研究は民俗学ないしは社会学・社会教育学のテーマであって、歴史学としてはなかなか取り上げてもらえなかった。著者自身、学会での発表の機会すらなかなか得られない事情から、十数年、学会活動から距離を置かざるを得なかった。人民闘争史の観点とは異なる立場から「無名の人々」の歴史を何とか表現しようとした本研究は、学会と距離を置いたことによって、逆に時代史の枠組や文献だけに偏った方法論にこだわらない自由な立場での研究が維持できることになった。そうした環境が、『若者仲間の歴史』に続く、近代の「青年」の誕生から今日の喪失?の時代までの歴史と現実を、『青年の世紀』として著すことができたのだと思っている。この間、歴史学会では、一九二〇年代に唯物史観を批判してフランスから起きたアナール学派が、「社会史」として日本史学にも強い影響を与えはじめた。著者を訪ねる外国の研究者も相次ぐようになり、その方々からむしろアナール学派に大変近い研究であることを教えられたことを思い出す。

本書は、『若者仲間の歴史』を刊行する以前の昭和五十二年（一九七七）に書いた青年団や植民地の教化とも関係の深い『修養団七十年史（稿本）』、『若者仲間の歴史』の翌年から四年間に毎年度一巻ずつ出した『山本瀧之助日記』、昭和五十七年から五年間にわたり歴史学・社会教育学の若い研究者たちと一緒に活動した「日本青年団運動史研究会」と、研究会と同じメンバーで昭和六十一年九月から調査に取り組んで平成三年九月に刊行した『日本青年館七十年史』、その翌年から取りかかって翌年三月に出した『中央青少年団体連絡協議会四十年史』の研究成果が基本となっている。

また、昭和六十一年度に敦賀短期大学日本史学科教授として赴任してから、同短大の紀要である『敦賀論叢』に掲載してきた関係諸論文を本書の軸にした。現在、文部科学省の研究助成を受けてデジタルメディア化を主として共同研究している日本青年館に所蔵される戦前の一万三〇〇〇点以上の地方青年団報研究の先鞭として行った「福井県下昭和前期青年団報と文書教育」（六号、一九九一年）。金沢の古紙問屋で入手した江沼郡役所文書を使って書いた「青年団検閲について―石川県江沼郡の事例―」（七号、一九九二年）。著者にとってははじめての海外調査であった「日本統治下台湾の青年団」（八号、一九九三年）。外務省本省脇の耐爆建築から狸穴の外交史料館設立期の足掛け三ヵ年、神奈川県史のお手伝いで大学院の仲間と外務省記録の筆耕に毎日のように通った経験から、外務省記録の中に青年団と関係する史料の存在を他の研究者よりもいち早く気づいたことで書いた「昭和十三年、上海・青島ヒトラー・ユーゲント日本招待について」（十号、一九九五年）。昭和五十八年度から、小川利夫先生、上野景三氏といっしょにはじめた熊谷辰治郎研究会が縁となり、福生市熊川の石川酒造文書の編纂がはじまった。この作業の中で戦後青年団が生き残るためにGHQに説明した経緯が記録された青年団日記である「森田氏　備忘録」の発見があった。石川酒造文書研究の延長線上で、あきる野市小川の森田家文書を中心に、とうきゅう環境財団の二度の研究助成を受けて、多摩川流域史研究会を組織した。この多摩川流域史研究会の研究調査活動の一環として青梅市立博物館の書庫の史料を調査したときに、成木村の村報『たちば』を発見し、占領軍から与えられた民主主義にもとづく教育ではなく、日本の民衆自らが産み出した民主主義に立脚した教育委員会が存在したことを知り、「昭和二十一年三月創設の「教育委員会」について―東京都西多摩郡成木村の「希望の碑」と戦後民主主義教育―」（十一号、一九九六年）を書いた。日本青年団運動史研究会当時から、研究対象とすべき「日本」の範囲について、漠然と日本列島を考えるのではなく、少なくとも「日本人社会」がその影響のあった地域を歴史研究の対象とすべきであると考え、植民地・占領地については台湾、ヒトラー・ユーゲントを考える中で検討してきたが、移民地についてはなかなか着手できないでいた。だが、和歌山市立図書館移民資料室の整備が進んだことで可能になり、着想してから二〇年近くたってようやく「日本人移民地の青年会」（十六号、二〇〇一年）として問題提起ができた。

また、序に用いた敦賀市における事例は、平成十四年度の日本社会教育学会年報に載せた「青少年教育の歴史と現状—敦賀市における若者・青年組織の変容と現状—」である。敦賀市の若者・青年の歴史と民俗調査は、敦賀短期大学の著者が担当する演習で、学生たちが毎年度調査報告書を作成して積み重ねてきた地域歴史民俗調査の努力の賜物である。

敦賀に来てから、福井県青年館新館構想委員長、福井県連合青年団青年問題研究会の講演やコーディネーター、アドバイサーなどを通じて、地元の青年団員や指導者と日常的に話をする機会に恵まれた。過去の調査地で出会った多くの青年団の経験者や現役の青年との触れ合いから得た経験や感覚を含め、本書に活かすことができていれば幸いである。

学生や青年たちと触れ合うとき、常に感じることは、目的を自覚できたときの若い人の伸び方は目を見張るものがあるということであり、教育に携わるものは自分が多数の人たちと向き合っているのではなく、一人ひとりと向き合っているということを自覚することの大切さである。そうした感覚は、若い衆宿や寺子屋などの歴史を現代教育の問題克服の指標の一つとし、演習を通じて、そうした高等教育のあり方を実践する経過で著者の確信にもつながっている。山本瀧之助の伝記を日本青年館の雑誌『青年』に連載したとき、表題に「人を待ち」とつけた。田舎教師としてまた巡回青年講習会で全国各地を旅した瀧之助が残した唯一の格言である「一歩退いて人を待ち、一歩進んで以って事に当たる」という言葉は、教育に携わる者にとって、人の発達を、待つ、ということの大事さと、事に当たるときは自ら他に先んじて対処する、という心掛けの大事さを語っている。

『山本瀧之助日記』の刊行中の昭和六十二年（一九八七）四月に敦賀短期大学に赴任してから一六年目が経過した。この間、短期大学の運営は再三にわたって危機的状況に直面し、短大運営に力を注がなければならない事情が次々にやってきた。大学づくりと地域づくりにほとんどの時間を割かなければならない状態で時はいたずらに推移した。したがって、本来の研究である若者・青年の社会組織の歴史研究はなかなか進まなかった。本書の基礎となった諸論考は、わずかな研究時間の中で書きためたものである。本書の三分二は、すでに発表した論文に若干の加除修正を加えたものであるが、これとてもワープロソフトの関係で、すべてを打ち直さなければならず、私一人では対応できないので卒業生の三上郁名子さんの協力を得た。猛暑にもかかわらず懸命に努力してくれたことに感謝したい。

資料の提供には、本書に引用させていただいた諸機関のほかに、日本青年館の星野春美氏・掛谷昇治氏、日本青年団協議会および福井県連合青年団のお世話になった。

最後になったが、本書出版の機会を与えてくださった大濱徹也先生と同成社の山脇洋亮氏に感謝の意を表したい。

二〇〇三年一月

多仁　照廣

■著者略歴■

多仁　照廣（たに・てるひろ）

1948年 2 月　東京都深川佐賀町に生まれる。

　　　　　　東京都立墨田川高校

　　　　　　中央大学大学院文学研究科博士課程

現在、敦賀短期大学日本史学科教授・同地域交流センター長

　　　国税庁税務大学校租税史料館研究調査員

＜主な著書・編書＞

『修養団七十年史（稿本）』『若者仲間の歴史』『山本瀧之助日記』『石川酒造文書』『日本青年館七十年史』『㈳中央青少年団体連絡協議会40年史』『史料が語る租税の歴史』等。

青年《せいねん》の世紀《せいき》

2003年２月13日発行

著　者　多　仁　照　廣
発行者　山　脇　洋　亮
印刷者　㈱　深　高　社
モリモト印刷㈱

発行所　東京都千代田区飯田橋４－４－８
東京中央ビル内
TEL　03-3239-1467　振替00140-0-20618
同成社

ISBN4-88621-264-6 C3321

①志士の行方

丑木幸男著　四六判・240頁・本体価格2800円

幕末期に佐幕派の志士として活躍し、その後自由民権運動に挺身、さらにはキリスト教牧師となった斎藤壬生雄の生涯を追い、背景としての激動の時代を浮き彫りにする。

【目次】

---

②学童疎開

内藤幾次著　四六判・240頁・本体価格2700円

太平洋戦争末期、帝都に迫りくる戦火から児童たちを守るためにおこなわれた集団学童疎開。本書では、その歴史的経緯と疎開地での生活の実態を追求し、子どもらの心に迫る。

【目次】